32. Sitzung

der Enquete-Kommission
"Aufarbeitung von Geschichte
und Folgen der SED-Diktatur
in Deutschland"

am 17. März 1993

Die Deutsche Bibliothek - CIP-Einheitsaufnahme

Erziehung zur sozialistischen Persönlichkeit : vom 17.01.1993 /
Deutscher Bundestag, Referat Öffentlichkeitsarbeit. - Bonn :
Dt. Bundestag, Referat Öffentlichkeitsarbeit, 1993
  (... Sitzung der Enquete-Kommission "Aufarbeitung von Geschichte
  und Folgen der SED-Diktatur in Deutschland" ; 32)
  ISBN 3-930341-12-3
NE: Deutschland / Bundestag; Deutschland / Enquete-Kommission
  Aufarbeitung von Geschichte und Folgen der SED-Diktatur in
  Deutschland: ... Sitzung der ...

WG: 63	DBN 93.173528.9	93.11.15
8325	krg	

Herausgeber:

Deutscher Bundestag

Referat Öffentlichkeitsarbeit

Bonn 1993

Deutscher Bundestag

Referat Öffentlichkeitsarbeit

32. Sitzung der Enquete-Kommission
"Aufarbeitung von Geschichte und Folgen der SED-Diktatur in Deutschland"
am 17. März 1993

Öffentliche Anhörung zu dem Thema:

"Erziehung zur sozialistischen Persönlichkeit"

- 2. Teil -

Inhaltsverzeichnis

Einleitung

Protokoll der Anhörung
"Erziehung zur sozialistischen Persönlichkeit"
- 2. Teil -

Eröffnung:

Vorsitzender Rainer Eppelmann..1

Vorträge:

Dr. Wolfgang Donner..1
"Ideologie und Politik in der Erwachsenenbildung"

Dieter Müller...19
"Berufsausbildung in der DDR"

Diskussion...29

Schlußwort:

Vorsitzender Rainer Eppelmann..66

Sprecherregister

Einleitung

Im Mittelpunkt der Anhörungen stand das System der Volksbildung in der DDR mit seinem Anspruch, die Menschen zu "sozialistischen Persönlichkeiten" erziehen zu wollen (s. die Vorträge von C. Lieberknecht und M. Birthler im Protokoll 31). Die Volksbildung galt als besonderer "Sicherheitsbereich" in der Gesellschaft (s. Protokoll 31, S. 29), dem die SED-Führung ganz spezielle Aufmerksamkeit angedeihen ließ. Charakteristisch für die Volksbildung war der Widerspruch zwischen Anspruch und Realität (s. die Beiträge von H. Vollmann, R. Pahnke), unter dem insbesondere die Lehrer zu leiden hatten.

Das Ziel der DDR-Volksbildung, "sozialistische Persönlichkeiten zu formen", wurde nach übereinstimmender Auffassung der Referenten und Zeitzeugen nicht erreicht. Als Ursachen wurden genannt "die unvorschriftsmäßige Menschlichkeit vieler Eltern und Lehrer und die Tatsache, daß Pädagogik im allgemeinen weniger bewirkt, als Bildungspolitiker es vermuten" (Birthler, Prot. 31, S. 31, s. auch Vollmann, Prot. 31, S. 45). Gängelung, vormundschaftlicher Umgang, Erziehung zur Unterordnung und unzureichende Individualisierung führten zu Problemen bei Kindern und Jugendlichen, die nach Meinung einiger Experten auch heute noch nicht überwunden sind. So wurde die Neigung zur Gewaltbereitschaft von Jugendlichen im Osten in den Vorträgen von Lieberknecht und von Birthler mit den vergangenen Erziehungspraktiken in Verbindung gebracht.

Der Versuch von Kossakowski, in einem Podiumsgespräch auch "die guten Seiten der DDR-Pädagogik" und Reformansätze zu berücksichtigen, stieß auf lebhafte Kritik bei Abgeordneten und anderen Diskussionsteilnehmern.

In verschiedenen Vortragsformen wurden die Erziehung im Kindergarten (durch Vorführung von Dokumentarfilmen und anschließende Diskussion), die Heimerziehung (speziell die Erziehung in Spezialkinderheimen an einem exemplarischen Fall, s. Vortrag von Hannemann), die ideologische Erziehung in den Hochschulen (Berg), die politisch-ideologische Erziehung der Erwachsenen in Form von Parteilehrjahr und Parteischulen (Donner) und die Berufsausbildung (Müller) behandelt. Besonderes Interesse rief der Vortrag von U. Blachnik über Erziehung zur Wehrbereitschaft in der Schule hervor, dessen Aussagen durch verschiedene Diskussionsbeiträge ergänzt wurden (s. Pahnke, Prot. 31, S. 54; Müller, Prot. 32, S. 27/28).

Von verschiedenen Referenten und Diskussionsteilnehmern wurde das Verhalten der Lehrer und Erzieher in der Gegenwart thematisiert. Es wurden Bemühungen bei Lehrern registriert, sich ihrer Verantwortung zu stellen (Birthler, Prot. 31, S. 27), die Neigung, sich auch heute noch Orientierungen von "oben" vorgeben zu lassen (Vollmann, Prot. 31, S. 44) sowie die Tendenz, das Vergangene zu vertuschen, insbesondere in der Heimerziehung (Hannemann, Prot. 31, S. 141).

Die Anhörung zeigte, daß die Erforschung der Bildungspraxis in ihren verschiedenen Bereichen und Aspekten, differenziert nach Regionen und Phasen der Entwicklung, von der wissenschaftlichen Forschung noch zu leisten sein wird.

Bonn, im Dezember 1993

Rainer Eppelmann, MdB
(Vorsitzender)

Angelika Barbe, MdB
Dr. Bernd Faulenbach
Dr. Karlheinz Guttmacher, MdB
Christel Hanewinckel, MdB
Dirk Hansen, MdB
Dr.-Ing. Rainer Jork, MdB
Dr. Dietmar Keller, MdB
Maria Michalk, MdB
Dr. Armin Mitter
Prof. Dr. Roswitha Wisniewski, MdB
Dr. Lydia Lange, wiss. Mitarbeiterin

(Berichterstattergruppe zu dem Themenfeld "Rolle und Bedeutung der Ideologie, integrativer Faktoren und disziplinierender Praktiken in Staat und Gesellschaft der DDR")

DEUTSCHER BUNDESTAG Protokoll Nr. 32
12. Wahlperiode
Enquete-Kommission
"Aufarbeitung von Geschichte
und Folgen der SED-Diktatur
in Deutschland"

PROTOKOLL

der 32. Sitzung

Enquete-Kommission
"Aufarbeitung von Geschichte und Folgen der SED-Diktatur in Deutschland"

am Mittwoch, dem 17. März 1993,
Beginn: 09.30 Uhr
in Halle, Aula der Martin-Luther-Universität
Universitätsplatz, Löwengebäude

Vorsitz: Abg. Rainer Eppelmann (CDU/CSU)

Einziger Punkt der Tagesordnung

Öffentliche Anhörung zum Thema:

"Erziehung zur sozialistischen Persönlichkeit"

Deutscher Bundestag

Anwesenheitsliste

Sitzung der Enquete-Kommission "Aufarbeitung von Geschichte und Folgen der SED-Diktatur in Deutschland"

Ordentliche Mitglieder der Enquete-Kommission	Unterschrift	Stellvertretende Mitglieder der Enquete-Kommission	Unterschrift
Abgeordnete(r) CDU/CSU		**Abgeordnete(r) CDU/CSU**	
Eppelmann, Rainer	*[Unterschrift]*	Augustinowitz, Jürgen	
Dr. Kahl, Harald	*[Unterschrift]*	Böhm (Melsungen), Wilfried	
Dr. Krause (Bonese), Rudolf		Dehnel, Wolfgang	
Lehne, Klaus-Heiner	*[Unterschrift]*	Dr.-Ing. Jork, Rainer	
Dr. Müller, Günther	*[Unterschrift]*	Koschyk, Hartmut	*[Unterschrift]*
Dr. Wilms, Dorothee	*[Unterschrift]*	Michalk, Maria	*[Unterschrift]*
Dr. Wisniewski, Roswitha	*[Unterschrift]*	Frhr. v. Schorlemer, Reinhard	*[Unterschrift]*
SPD		**SPD**	
Hanewinckel, Christel	*[Unterschrift]*	Barbe, Angelika	*[Unterschrift]*
Hilsberg, Stephan		Fischer (Gräfenhainichen), Evelin	*[Unterschrift]*
Meckel, Markus		Dr. Soell, Hartmut	*[Unterschrift]*
von Renesse, Margot		Thierse, Wolfgang	
Weisskirchen (Wiesloch), Gert		Weißgerber, Gunter	
F.D.P.		**F.D.P.**	
Hansen, Dirk	*[Unterschrift]*	Hackel, Heinz-Dieter	
Dr. Schmieder, Jürgen		Lüder, Wolfgang	
PDS/LL		**PDS/LL**	
Dr. Keller, Dietmar		Dr. Modrow, Hans	
BÜNDNIS 90/DIE GRÜNEN		**BÜNDNIS 90/DIE GRÜNEN**	
Poppe, Gerd	*[Unterschrift]*	Dr. Ullmann, Wolfgang	

Mittwoch d. 17 März 93 9:30 - 2 -

Enquete SED   OB Halle

als Sachverständige:

Dr. Faulenbach, Bernd
Prof. Dr. Fischer, Alexander
Fricke, Karl-Wilhelm
Gutzeit, Martin
Prof. Dr. Jacobsen, Hans-Adolf
Dr. Mitter, Armin   x)
Passauer, Martin-Michael
Prof. Dr. Schroeder, Friedrich-Christian
Prof. Dr. Weber, Hermann
Prof. Dr. Wilke, Manfred
Prof. Dr. Wolf, Herbert   x)

_____

x) mitwirkende Sachverständige

Mittwoch d. 17. März 93 9:30

	Fraktions- und Gruppen-vorsitzende:	Vertreter:
CDU/CSU	....	....
SPD	....	....
FDP	....	....
PDS/LL	....	....
BÜNDNIS 90/DIE GRÜNEN	....	....

Fraktions- und Gruppen-mitarbeiter: (Name bitte Druckschrift)	Fraktion/Gruppe:	Unterschrift
Lehmann	PDS/LL	[signature]
FINN	CDU/CSU	[signature]
Bode	F.D.P.	[signature]
Baron	Bündnis 90	Baron
DEJA	SPD	[signature]

Vorsitzender Rainer Eppelmann: Meine sehr verehrten Damen und Herren! Liebe Kolleginnen und Kollegen! Lassen Sie uns aufmerksam und tatendurstig in den zweiten Tag unserer öffentlichen Anhörung gehen.

Der gestrige Tag hat all denen, die dabeigewesen sind, deutlich gemacht, so meine ich zumindest, daß das ein ungeheuer kompliziertes Thema ist, zumindest für alle die, die Bürger der Deutschen Demokratischen Republik gewesen sind, die dieses Bildungssystem mit geprägt haben oder mit ihm auskommen mußten, in ihm leben und lernen mußten.

Das wird heute ganz bestimmt nicht anders sein. Darum danke ich auch besonders den beiden Referenten des heutigen Vormittags, Herrn Dr. Wolfgang Donner aus Schwerin und Herrn Dieter Müller aus Chemnitz. - Ich sage Ihnen ganz ehrlich - das ist für mich der Anknüpfungspunkt zum gestrigen Tag -, daß ich zumindest von Herrn Dr. Donner weiß, daß es ihm nicht leicht gefallen ist, hierherzukommen, was, wie ich finde, für ihn spricht, weil das darauf hindeutet, für mich jedenfalls, daß er wie wir an einer Aufarbeitung dessen interessiert ist, was da im Bereich der Bildung und der Ausbildung in der Deutschen Demokratischen Republik passierte.

Vielleicht sollte ich zwei oder drei Daten aus dem Leben des Herrn Dr. Donner zur Kenntnis geben, damit Sie merken, warum ich das eben gesagt habe. - Von 1963 bis 1972 ist er Lehrer für Deutsch und Sport gewesen; von 1972 bis 1986 Lehrer an der Bezirksschule der SED in Schwerin. - Was er heute tut und all das, was zum Thema "Ideologie und Politik in der Erwachsenenbildung" gehört, das bitte ich Herrn Dr. Donner selbst zu sagen. Bitte schön.

Dr. Wolfgang Donner: Herr Eppelmann hat schon eine Kurzvorstellung gemacht und gesagt, was ich vor 1989 getan habe, wo ich tätig war. Ich war dann ab 1986 bei der Urania. Ich arbeite heute für das Haus Rissen - das ist ein Internationales Institut für Politik und Wirtschaft in Hamburg -, mit einem Auftrag in Mecklenburg-Vorpommern, unter anderem deutsch-deutsche Geschichte mit aufzuarbeiten, neue Strukturen der politischen Bildung herauszuarbeiten.

Nach den Vorbemerkungen, die Herr Eppelmann gemacht hat, auch in meinem Namen, können Sie sich vorstellen: Das ist schon ein persönliches Spannungsfeld, in dem ich lebe. Das ist nicht ganz einfach. Aber es stimmt schon: Ich habe eine innere Haltung dazu gewonnen, schon seit längerer Zeit, eigentlich seit der Wende, mich diesen Prozessen zu stellen - ein nicht immer ganz einfacher und, wie gesagt, sehr widersprüchlicher Prozeß.

Ich werde nicht allgemein zur Ideologie und Politik der Erwachsenenbildung in der DDR sprechen, sondern im Speziellen zu der der SED, d. h. zur inneren Struktur, im Konkreten natürlich zu dem, worüber ich am meisten Bescheid weiß, eben zu dem Leben, zu der Arbeit an einer Bezirksparteischule.

Aus meiner persönlichen, eigenen Betroffenheit heraus gestatten Sie mir, einige Bemerkungen im Vorfeld dazu zu machen, wie ich die gegenwärtige Situation sehe, um dann zum Thema zu kommen.

Mit dem hier angesprochenen Thema, das in die inneren Strukturen der Machtmechanismen einer einstmals staatstragenden, besser: staatsbeherrschenden, Partei Einblick gewähren lassen will, soll auf die politische Verantwortung der SED allgemein und auf die politische Betroffenheit und Verantwortlichkeit des einzelnen Mitglieds hingewiesen werden. Daß das kein einfaches Unterfangen ist, zeigt eine Reihe von Fakten, die 1993 einer sachlich-analytischen und wertenden sowie politisch und menschlich vertretbaren Aufgabenstellung entgegenstehen:

Die politisch-juristische Einheit der beiden deutschen Staaten hat sich durch Selbstauflösung des einen Staats und seinen Beitritt zum anderen Staat vollzogen.

Die historische Möglichkeit dieses einmaligen Schrittes in der deutschen Geschichte war zeitlich so überraschend gekommen und kurz bemessen, daß man von einer politisch-rationalen Begleitung dieses Prozesses nicht sprechen kann.

Die Menschen in Ost und West ebenso wie die Politiker und die Parteien waren auf diesen neuen Zustand geistig und konzeptionell wenig eingestellt. Das macht die heutige Situation des Umgangs der Menschen, der Politiker und Parteien mit- und untereinander so schwierig.

Nicht alles, was heute politisch so schwer zu schaffen ist, kann mit der Alibiformel "40 Jahre Mißwirtschaft des Sozialismus" entschuldigt werden. Wenn dies auch die Hauptursache bleibt, ist es noch lange kein politischer Freibrief für politisch konzeptionsloses Handeln.

Das, was 1989 in der DDR zur Wende geführt hat, und das, was die Ostdeutschen nicht nur materiell, sondern auch geistig und kulturell in die Einheit eingebracht haben, hatte einen mehr als 40jährigen Entwicklungsweg eines abgeschotteten und doch irgendwie funktionierenden Systems zur Voraussetzung.

Die heutigen Probleme der Verunsicherung der Menschen, des Auflebens radikaler Tendenzen, der Parteien- und Politikverdrossenheit lassen sich nicht auf die Ereignisse der Wendezeit 1989/90 und die zweieinhalb Jahre deutscher Einheit reduzieren. Das gesellschaftliche Eigenleben der Bundesrepublik Deutschland und der DDR, ihre jeweilige Einbindung in feindliche Blocksysteme, aber auch ihr Mitwirken in internationalen Gremien sowie das oft komplizierte und stark sensibilisierte Verhältnis der beiden deutschen Staaten zueinander haben weitaus tiefere Gräben zwischen den Menschen in Ost- und Westdeutschland geschaffen, als es heute mancher eingestehen mag.

Zu einigen Grundprinzipien der politisch-ideologischen Bildungsarbeit in der SED:

Das Selbstverständnis der politisch-ideologischen Bildungsarbeit schöpfte die SED aus dem Marxismus-Leninismus, bis in die 50er Jahre aus dem Stalinismus, aus der Tradition der kommunistischen Bewegung, insbesondere in enger Anlehnung an kaderpolitische Grundsätze der Bolschewiki.

Auch auf Traditionslinien der KPD berief man sich, die mit Blick auf das 19. Jahrhundert mit der Entwicklung der Sozialdemokratie gleichgesetzt wurde, sowie auf Erfahrungswerte, die die SED nach 1946 im Osten Deutschlands unter dem Gesichtspunkt der nationalen Besonderheiten für sich in Anspruch nahm.

Zum fundamentalen Ausgangspunkt gehörte der Grundsatz, eine Kaderpartei - ursprünglich: Berufsrevolutionäre - zu sein. Dieses System der Auswahl der Kader, ihre Einbindung, Aktivierung und Disziplinierung ist vor dem Hintergrund des Kalten Krieges, des Baus der Berliner Mauer am 13. August 1961 und insbesondere durch seine weitere Prägung in der Honecker-Ära nach dem XIII. Parteitag zu sehen. Der Grundsatz der führenden Rolle der marxistisch-leninistischen Partei - § 1 der DDR-Verfassung - in allen gesellschaftlichen Bereichen hatte unmittelbare Voraussetzungen und Konsequenzen in den Beschlüssen der SED. Damit waren die Anforderungen an die Mitglieder der SED staatspolitisch bestimmt.

Eine der wichtigsten Aufgaben sah die SED in der Auswahl der Kandidaten und Mitglieder, in ihrer politisch-ideologischen Bildung und damit einheitlichen Ausrichtung. Da mit der Mitgliedschaft in der SED die grundsätzliche Verfügbarkeit aller Mitglieder gegeben war - sie hatten dorthin zu gehen und zu arbeiten, wo die Partei, sprich: der Parteiapparat, es für richtig erachtete -, bestimmten die Funktionäre der SED fast schicksalhaft über Aufstieg und Fall ihrer Kader.

Das System der Parteischulungen und der Parteischulen diente unter anderem dazu, durch unterschiedliche Methoden die Mitglieder der SED zu formieren, d. h. zu disziplinieren, und gleichzeitig den Eindruck weitestgehender Freiwilligkeit zu vermitteln.

Wie wurde man Kandidat und Mitglied der SED? - Es existierte ein sogenannter Kaderschlüssel, der zentral vorgegeben wurde, nach dem sich der Mitgliederstand in etwa der sozialen

Schichtung der Gesellschaft anzupassen hatte. Dazu wurden jährlich oder kampagnemäßig Zahlen an die Bezirke, Kreise oder Grundorganisationen vorgegeben. Sie enthielten Angaben darüber, wie viele Kandidaten aus welchen Berufen, Altersgruppen, männlich oder weiblich usw. aufgenommen werden konnten. Vor Parteitagen gab es oftmals Sonderaktionen über die FDJ, die sogenannte Kampfreserve der SED, junge Menschen im Schnellverfahren an die SED zu binden. Ausnahmeregelungen wurden in ideologieintensiven Bereichen geschaffen, z. B. bei Künstlern, bei der Überalterung von Grundorganisationen oder in Bereichen, in denen der Parteieinfluß rückläufig war.

Zum Fazit gehört, daß es mehr Bereitschaftserklärungen zur Mitgliedschaft in der SED, vor allem in Kreisen der Intellektuellen, gab, die nicht berücksichtigt wurden, weil vorgegebene Strukturen nicht verändert werden sollten. Zum anderen wurden seitens der Parteiführung Empfehlungen gegeben, diese offensichtlich politisch aktiven Menschen auf Grund ihrer sozialen Herkunft oder ihrer Tätigkeit oder ihres Glaubens an die Blockparteien zu empfehlen bzw. sie als "parteilose Kommunisten" - ein Honecker-Wort - zu betrachten.

Die Motive der Kandidaten und Mitglieder, in der SED tätig zu sein, sind wohl recht unterschiedlich: Überzeugtheit vom Marxismus-Leninismus, Engagement für den Sozialismus, persönlicher Ehrgeiz, Karriere- und Machtbewußtsein, Familientradition und weitere Gründe. Viele wurden mit 18 Jahren auf Grund ihrer proletarischen Herkunft oder weil die Eltern politisch im Sozialismus aktiv waren oder weil man einen Beruf bei den bewaffneten Kräften anstrebte, angesprochen, Mitglied der SED zu werden. Andere verbanden ihre Mitgliedschaft mit realen beruflichen Aufstiegschancen. Für die hauptamtlich in der FDJ, den Gewerkschaften oder anderen gesellschaftlichen Organisationen tätigen Mitarbeiter war eine Mitgliedschaft in der SED der Regelfall. Es gab aber auch sicherlich Mitglieder der SED, die eher unpolitisch, besser: passiv, waren und als Beitragszahler eingestuft werden konnten.

Zum System der politischen Schulung in der SED:

Prinzipiell waren alle Kandidaten und Mitglieder der SED ständig in einen Bereich der politisch-ideologischen Schulung integriert. Die Planung wurde vom Zentralkomitee geleitet und vorgegeben. In einem Fünfjahreszyklus zwischen den jeweiligen Parteitagen gab es jährliche inhaltliche und organisatorische Vorgaben zur Durchführung der Parteischulungen. Teilweise auf zentraler Ebene, auf jeden Fall in den Bezirken und Kreisen wurden jährlich im September oder Oktober Partei-Aktivtagungen organisiert, auf denen die generelle Linie des Generalsekretärs der SED als verbindliche Handlungsrichtlinie ausgegeben wurde.

Das Parteilehrjahr, an dem alle Mitglieder der SED teilnehmen mußten, wenn sie sich nicht in einer anderen Form der politischen Qualifizierung befanden, wurde in ein- bis zweijährigen thematisch unterschiedlichen Schulungsstufen angeboten.

Als Besonderheit bleibt anzumerken, daß beispielsweise die parteilosen Lehrerinnen und Lehrer und zum Teil auch Mitglieder von Blockparteien zur Teilnahme am Parteilehrjahr verpflichtet waren.

Die Kandidaten der SED wurden in Kandidatenschulungen politisch-ideologisch auf die Mitgliedschaft in der SED vorbereitet. Die Kreisschulen des Marxismus-Leninismus - in den großen Kombinaten gab es Betriebsschulen des Marxismus-Leninismus - waren für den überwiegenden Teil der Mitglieder der SED Anfangs- und Endstufe der politisch-systematischen Qualifizierung.

Das Studium bestand aus einem einjährigen Fernstudium auf der Ebene der Kreisorganisationen. Geleitet wurden diese Seminare im wesentlichen durch ehrenamtlich berufene Seminarleiter.

Die Bezirksparteischulen der SED waren modern ausgestattete Bildungseinrichtungen mit Internatsbetrieb. Jahreslehrgänge im Direktstudium, Zweijahreslehrgänge im Fernstudium, Dreimonatslehrgänge im Direktstudium machten den Hauptteil der Belegung aus.

Daneben wurden vierwöchige Lehrgänge für Führungskräfte der verschiedenen gesellschaftlichen Bereiche durchgeführt. An den Jahreslehrgängen der Bezirksparteischulen nahmen auch Mitglieder der Demokratischen Bauernpartei teil.

Für ausgewählte Kader des Parteiapparats, des Staates, der Wirtschaft und gesellschaftlicher Organisationen schloß sich ein Studium an der Parteihochschule Karl Marx an. Neben Einjahreslehrgängen, vierwöchigen Führungskaderseminaren wurde ein dreijähriges Direktstudium bzw. ein fünfjähriges Fernstudium angeboten, das jeweils mit dem akademischen Grad "Diplom-Gesellschaftswissenschaftler" abschloß.

Als höchste Stufe der Qualifizierung in der SED bestand die Möglichkeit, an der Akademie für Gesellschaftswissenschaften in einer vierjährigen Aspirantur den Doktorgrad zu erreichen.

Vor allem Funktionäre für hohe Partei- und Staatsfunktionen absolvierten die Moskauer Parteihochschule.

Zur politischen Bildung an den Bezirksparteischulen der SED als einem Beispiel:

Die Bezirksparteischulen unterstanden unmittelbar den Sekretariaten der Bezirksleitung der SED. Sie waren die höchste Bildungseinrichtung der SED auf Bezirksebene. Für alle Lehrgänge wurden Lehrpläne - Themen und Ziele - einheitlich im Jahreszyklus durch das Zentralkomitee herausgegeben. Die Ausarbeitung der Lehrinhalte, Lehrmaterialien und Lehrmethoden erfolgte unter Kontrolle der Schulleitungen in Eigenverantwortlichkeit der Lehrstühle der Bezirksparteischulen. An den Parteischulen arbeiteten vier Lehrstühle: Marxistisch-leninistische Philosophie, Geschichte der Arbeiterbewegung, Ökonomie des Sozialismus und Kapitalismus, Partei/Parteileben.

Das Lehrprogramm war in folgende Lehrabschnitte aufgegliedert: Fragen des revolutionären Weltprozesses; marxistisch-leninistische Philosophie, vor allem materialistische Dialektik mit Bezugnahme auf die klassische deutsche Philosophie als Ausgangspunkt und den historischen Materialismus; Ökonomie des Kapitalismus, hier vor allem: Studium von Karl Marx "Das Kapital"; Ökonomie des Sozialismus - Fragen der aktuellen Wirtschaftspolitik; Geschichte der KPdSU, Geschichte der deutschen Arbeiterbewegung, Geschichte der SED; Grundfragen der gesellschaftlichen Entwicklung - Staat, Kultur, Bildung -; die Lehre von der Partei - leninistische Grundsätze des Parteiaufbaus und der Führungsmechanismen in Anwendung auf die führende Rolle der SED in der DDR.

Zu den Kadern - zur Auswahl und zum Einsatz:

Lehrer an der Bezirksparteischule wurden durch Beschlüsse der Sekretariate der Bezirksleitung berufen. Eine Bewerbungs- oder Kündigungsmöglichkeit gab es nicht. Als Lehrer an die Parteischule kam man aus unterschiedlichen Positionen: ältere, bewährte Kader, die für den operativen Parteieinsatz nicht mehr geeignet waren, oder entsprechende FDJ-Funktionäre; Nachwuchskader, die auf Lehrgängen aufgefallen waren, d. h. "proletarische Elemente", denen eine attraktive Ausbildung auf dem Gebiet der Gesellschaftswissenschaften ermöglicht wurde; bereits auf anderen Gebieten qualifizierte Kader, vor allem Lehrer oder wissenschaftliche Assistenten. Diese standen zum Teil unter Verdacht, zu intellektuell und zu pädagogisch in den Seminaren zu wirken. Dies führte besonders in den 80er Jahren zu Diskussionen über den Vorrang der reinen Theorie oder die Anwendung einer methodischen Vielfalt.

Die Lehrgangsteilnehmer wurden über die Grundorganisationen und Kreisleitungen der SED für die jeweilige Lehrgangsform ausgesucht und delegiert. Grundlage war die für jedes Parteimitglied vorhandene Parteiakte. Ein wesentlicher Punkt der Kaderentwicklung war die politische Qualifikation an den Parteischulen. Die Auswahl erfolgte über Aufnahmekommissionen, die mit allen zukünftigen Lehrgangsteilnehmern individuelle

Aufnahmegespräche führten. Zum Inhalt der Gespräche gehörten Fragen wie Motivation zur politischen Qualifikation und zur beruflichen Tätigkeit, Haltung zur SED und zum Sozialismus, Kontakte bzw. Familienbeziehungen zu nichtsozialistischen Staaten, Mitgliedschaft in der Kirche, soziale und familiäre Verhältnisse.

Mit der Aufnahme des Studiums an der Bezirksparteischule mußten mehrere Verpflichtungen akzeptiert werden: Abbruch oder Aussetzen bestehender Verbindungen zum westlichen Ausland, Meldepflicht bei spontaner westlicher Kontaktaufnahme, Schweigepflicht gegenüber internen Parteiinformationen, Neuaufnahme oder Fortsetzung der beruflichen Tätigkeit nur mit Zustimmung der Bezirks- bzw. Kreisleitung der SED.

Die Auswahl der Studierenden erfolgte nach einem vorgegebenen Nomenklaturschlüssel: Tätigkeitsbereiche; Alter, z. B. Anteil von Jugendlichen; Frauenanteil.

Zeitweilig wurde nach Schwerpunktbereichen, z. B. Landwirtschaft, Kultur, ausgewählt.

Typisch für den Studienbetrieb an den Parteischulen war die gemischte Seminarzusammensetzung. So saß der Hochschuldozent neben dem Achtklassenschüler, der Betriebsleiter neben dem Facharbeiter.

Die Motivation der Lehrgangsteilnehmer zum Studium war recht unterschiedlich: Die einen besuchten die Parteischule, weil sie zusätzlich zu einer soliden beruflichen Ausbildung eine politische Qualifikation zur Absicherung ihrer ausgeübten Tätigkeit benötigten. Andere absolvierten Lehrgänge der Parteischulen, weil sie ein persönliches Interesse an Gesellschaftswissenschaften besaßen oder weil sie glaubten, mit einer soliden politischen Ausbildung besser für die Partei - z. B. als Parteisekretäre, Propagandisten - und den Sozialismus arbeiten zu können. Wieder andere, meist jüngere Teilnehmer aus dem FDJ- oder Parteiapparat, nahmen den Besuch der Parteischule als Ersatz für eine nicht ausreichende berufliche Qualifikation, um im hauptamtlichen Apparat Aufstiegschancen zu besitzen.

Für gehobene Positionen in der staatlichen Verwaltung, in den Massenorganisationen, bei der Polizei oder in der Wirtschaft und Landwirtschaft gehörte der Besuch der Parteischule zu den notwendigen Bedingungen. Bei Nichterfüllung dieser Anforderung kamen Repressalien wie Ablösung aus leitender Tätigkeit oder Parteiverfahren zur Anwendung. Die Disziplinierung der Mitglieder der SED gelang vor allem über ein streng geregeltes System der gegenseitigen Kontrolle sowie über den Erfahrungswert, daß Widerstand gegen Anforderungen der Partei den Abbruch der Karriere oder ein soziales Abseits bedeuten konnte. Andererseits beinhaltete der erfolgreiche Abschluß einer Parteischule eine Schubkraft zur Absicherung der beruflichen Tätigkeit und für den beruflichen Aufstieg.

Zur Organisation des Parteilebens - zur Erziehung der Parteikader:

Der Besuch der Parteischulen wurde durch die Führung der SED als Auszeichnung und Bewährungsfeld ihrer Mitglieder angesehen. Im Vordergrund aller Lehrprogramme standen Erziehungsfragen wie Überzeugtheit von der gesellschaftlichen Führungsrolle der Kommunisten, aktives Eintreten für die Durchführung der Parteibeschlüsse, Bekenntnis zum gesetzmäßigen Sieg der proletarischen Weltrevolution, d. h. zum Sieg des realen Sozialismus im Weltmaßstab, Überzeugtheit vom Wahrheitsgehalt des Marxismus-Leninismus, Anerkennung der führenden Rolle der Sowjetunion in der sozialistischen Staatengemeinschaft - dies allerdings nur bis Mitte der 80er Jahre -, Zurückdrängen des Einflusses der bürgerlichen Ideologie sowie des Revisionismus und Reformismus.

Dieser Erziehungsauftrag wurde mit einem erheblichen organisatorischen Aufwand verfolgt. Zum einen waren die Lehrinhalte auf eine Reihe von Grundüberzeugungen ausgerichtet, zum anderen wurde der gesamte Studien- und Freizeitbetrieb auf diese Zielsetzung abgestimmt. Aus den Protokollen des Aufnahmeverfahrens bzw. aus den vorliegenden Beurteilungen der Kreisleitungen der SED wurden erkennbare Schwachpunkte in der Entwicklung der Lehrgangsteilnehmer herausgefiltert und als persönliche Erziehungsschwerpunkte für den Zeitraum des Studiums schriftlich festgehalten.

Das Studium wurde auf der Grundlage von Seminaren - etwa 25 Teilnehmer - und von Studiengruppen - sechs bis acht Teilnehmer -, die mit Parteistrukturen identisch waren, organisiert. Ein wesentlicher Schwerpunkt der Seminartätigkeit, der sich über den gesamten Studienzyklus hinzog, war die kollektive Erarbeitung und öffentliche Diskussion von Einzelbeurteilungen. Diese Beurteilungen bildeten die wichtigste Grundlage für den weiteren Einsatz nach dem Besuch der Parteischule. Der Einsatz selbst erfolgte auf Beschluß der Kaderkommission der Bezirks- und Kreisleitungen. Im Regelfall wurde mit Aufnahme des Studiums eine Orientierung vorgegeben: Qualifizierung für die laufende Tätigkeit, Qualifizierung für eine andere oder höhere Funktion, Qualifizierung für den Besuch einer höheren Parteischule.

Zum Teil harte Auseinandersetzungen, die bis zum Abbruch des Studiums, zu einem Parteiausschluß oder zum beruflichen Aus führen konnten, fanden dann statt, wenn es kurzfristig Änderungen in den Einsatzvorstellungen gab, z. B. beim angebotenen Wechsel in eine hauptamtliche Partei- oder FDJ-Funktion.

Da in allen Studienveranstaltungen Bildungs- und Erziehungsziele vorgegeben waren, gestalteten sich gegensätzliche Meinungsäußerungen in den Seminaren schwierig und widersprüchlich. Diskussionen zu theoretischen Fragen, auch zu neuen Problemfeldern, waren möglich und zum Teil auch erwünscht. Aber sie hatten einer vorgegebenen Grundlinie zu folgen und sollten mit einem einheitlichen Ergebnis enden. Da die Meinungsbildung zu spezifischen Sachinhalten - in den 80er Jahren oft zu Wirtschaftsfragen - durchaus differenziert war, kam es vor, daß entgegengesetzte Diskussionsstandpunkte aus den Seminaren anschließend in Parteiversammlungen "politisch nachbehandelt wurden". In diesen Fällen hing der Ausgang der Verhandlungen in starkem Maße von der Haltung des unterrichtenden Lehrers ab, davon, ob er Diskussionsspielräume zuließ oder sehr schnell zu Disziplinierungsmaßnahmen griff. Auf alle Fälle führte dieser Grundzustand zu einer Atmosphäre der Heuchelei und des Mißtrauens.

Die politisch-ideologische Situation der Seminare wurde regelmäßig eingeschätzt. Verstöße gegen vorgegebene Verhaltensmuster wurden zum Teil auch in Gesamtveranstaltungen der Parteischule, auf denen sich der Betroffene öffentlich rechtfertigen mußte, geahndet. Allerdings sei auch bemerkt, daß nicht alle negativen Ereignisse an den Parteischulen an die höhere Instanz gemeldet wurden, weil nämlich einsetzende Kontrollen befürchtet werden mußten. Dies war ein Mechanismus, der auch an anderen Stellen im DDR-Sozialismus praktiziert wurde. Nicht nur für die DDR als Ganzheit wurde verstärkt in den 80er Jahren nach außen eine heile Welt gemalt; dies galt auch für untergeordnete Strukturebenen. Selbstverständlich entwickelte sich neben diesen Kontrollsystemen auch ein studentisches Eigenleben an den Parteischulen.

Zu einigen inhaltlichen Schwerpunkten der 80er Jahre:

Grundsätzliche Wandlungen in den Inhalten und Darstellungsweisen der theoretischen und politischen Grundpositionen der SED in den 80er Jahren konnten und können nicht festgestellt werden. Doch mit den Erfahrungen seit dem Herbst 1989 lassen sich heute einige Entwicklungsprozesse konstatieren, die die eine oder andere Besonderheit gegenüber vorhergehenden Entwicklungsabschnitten deutlich machen.

Die DDR-Führung tat Anfang der 80er Jahre viel, um eine neue Gefahr der außenpolitischen Isolierung der DDR abzubauen und die staatlichen Beziehungen zur Bundesrepublik offenzuhalten. Auf dem Höhepunkt der militärischen Konfrontation durch die Stationierung atomarer Mittelstreckenraketen in beiden deutschen Staaten im Jahre 1983 wurde seitens der DDR eine Fortsetzung der Verhandlungsbereitschaft zu diesen und anderen wichtigen internationalen Fragen von der UdSSR gefordert. Mit Beginn des Reformkurses in der Sowjetunion und der Änderung ihres außenpolitischen Anspruchs Mitte der 80er Jahre unter dem neuen Generalsekretär Gorbatschow wurde die Breschnew-Doktrin aufgegeben, die den Völkern das Recht auf freie Selbstbestimmung absprach.

Diese Prozesse hatten einen nachhaltigen Einfluß auf die innere Entwicklung der DDR, vor allem auf die verstärkte Aktivität oppositioneller Gruppen. Zunehmende außenpolitische Aktivitäten - so besuchte der Staatsratsvorsitzende Erich Honecker vom 7. bis zum 11. September 1987 die Bundesrepublik Deutschland - gerieten immer mehr in Gegensatz zu wirtschaftlichen Schwierigkeiten in der DDR, zu den stärker werdenden Repressionsmaßnahmen des Staates gegen die eigene Bevölkerung, zur zunehmenden Unfähigkeit der politischen Führung, eine flexible Politik des inneren Wandels zu gestalten. Das Aufbrechen dieser Konflikte in den politischen Prozessen führte letztlich zu den gewaltigen Volksdemonstrationen im Herbst 1989. Das scheinbar festgefügte sozialistische System, das man noch am 7. Oktober 1989, dem 40. Jahrestag der DDR, der Weltöffentlichkeit demonstrieren wollte, brach wie ein Kartenhaus zusammen. Diese Konflikte hatten eine systemimmanente Verwurzelung. Die Führung der DDR unterstellte allerdings immer wieder, daß Schwierigkeiten der DDR-Entwicklung im wesentlichen von außen hineingetragen worden seien.

Zu diesem Konfliktpotential der 80er Jahre können gerechnet werden: einerseits der Anspruch auf Teilhabe am europäischen Entspannungsprozeß und andererseits die Situation des zunehmenden politischen Drucks auf die Bevölkerung der DDR; einerseits die öffentliche Zustimmung durch die SED und die Staatsführung zum Reformkurs Gorbatschows und andererseits das kleinliche Vermeiden von Diskussionen und Standpunktbildung zu diesen Prozessen unter den SED-Mitgliedern und in der Bevölkerung; einerseits der ideologisch geprägte Anspruch einer guten Politik zum Wohle der Werktätigen und andererseits die Erstarrung des Systems, der ökonomische, politische und geistige Niedergang der sozialistischen Gesellschaft.

Mit den Folgen dieser verfehlten Politik haben wir heute und wohl auch noch über längere Zeiträume zu tun. Die Menschen in der ehemaligen DDR haben es in ihrer Gesamtheit kaum gelernt, mit diesen Konflikten und Konfliktsituationen offen umzugehen. Unterschiedliche Interessen und Anschauungen wurden nicht öffentlich gemacht, und argumentative Auseinandersetzungen zu entgegengesetzten Bewertungen ablaufender politischer Prozesse fanden wenig statt.

Intoleranz gegenüber Andersdenkenden ist die Folge. An den Parteischulen war dies bei Diskussionen um theoretische Konzepte besonders ausgeprägt, auch im Verhältnis der Studenten und Lehrer untereinander.

Die obengenannten Widersprüche fanden ihre Rückwirkung im Lehrbetrieb, ohne daß es den Beteiligten deutlich bewußt wurde. Vor allem Studenten aus den Basisparteiorganisationen der Industrie und Landwirtschaft machten verstärkt auf Tendenzen wirtschaftlicher Schwierigkeiten in den 80er Jahren aufmerksam.

In den Parteitagsmaterialien und in anderen Beschlüssen der Partei, auch auf den Ebenen der Bezirke und Kreise, wurde der Versuch unternommen, diesen zunehmenden gesellschaftlichen Substanzverlust durch theoretisch abstrakte Formeln oder verhärtete politische Grundsätze, z. B. "unsere gute Politik zum Wohle des Volkes", zu kompensieren und damit den Druck auf die Mitglieder der SED und die gesamte Gesellschaft zu verstärken. Der Graben zwischen theoretischem Anspruch und erlebter Wirklichkeit wurde schrittweise immer tiefer. Besonders fatal wirkte sich in diesem Zusammenhang der immer wieder zitierte Leninsche Satz aus: "Der Marxismus ist allmächtig, weil er wahr ist!" Nicht nur, daß mit dieser Formel eines absoluten Wahrheitsanspruches jede von der offiziellen Parteilinie abweichende Meinung zurückgedrängt wurde; in der Praxis des Parteilebens zeigte sich die Situation so: Je höher die politische Führungsposition, desto größer wurde der persönliche Wahrheitsanspruch.

Aus dieser Gesamtsituation entstand ein nicht zu lösender Knoten. Einerseits wurden in den Lehrprogrammen die Genossen aufgefordert, höhere Aktivitäten und Initiativen für den Sozialismus zu entwickeln, ihn schöpferisch mitzugestalten. Andererseits wurde ein Glaubensbekenntnis zum Marxismus-Leninismus und zur Unfehlbarkeit der Politik der Parteiführung sowie ein bedingungsloses Durchsetzen der Parteibeschlüsse verlangt.

Wenn man unter diesen Gesichtspunkten die ökonomische Strategie der SED für die 80er Jahre betrachtet, dann zeigt sich die katastrophale Kombination einer falschen Wirtschaftspolitik mit dem massenhaften Zwang zu ihrer Durchsetzung. Das Ergebnis dieser Verflechtung ist neben politischen Handlungsdefiziten der SED sicherlich eine der Hauptursachen des inneren Verfalls des Sozialismus in der DDR.

Berechtigte Kritik einzelner Mitglieder an bestimmten Erstarrungserscheinungen innerhalb der Partei, vor allem nach den reformerischen Impulsen Gorbatschows, wurde mit der leeren Worthülse abgetan: Willst du schlauer sein als die kollektive Weisheit der SED?

In den Lehrgängen der Parteischulen traten ab Mitte der 80er Jahre Verunsicherungen auf. Seit Gründung der SED galt als unumstößliches Gesetz der Grundsatz: "Von der Sowjetunion lernen heißt siegen lernen!" Von Stalin bis Breschnew waren die Reden der Generalsekretäre und die Grundsatzbeschlüsse der KPdSU Grundlagenliteratur höchster Priorität. Mit Gorbatschow änderte sich dies, ohne daß offizielle Erklärungen abgegeben wurden. Natürlich fiel der neue Sprachstil Gorbatschows ebenso positiv auf wie das schrittweise Infragestellen jahrzehntelang tabuisierter Parteigrundsätze und Geschichtsverfälschungen.

Die Hoffnungen bei einem Teil der Mitglieder der SED darauf, daß diese Reformbestrebungen des "großen Bruders" auch auf die Entwicklung der DDR Einfluß gewinnen könnten, wurden bald zunichte gemacht.

Hagers berühmt-berüchtigtes Wort, daß man nicht die Tapeten wechselt, nur weil der Nachbar sein Haus renoviert, zeigte bald Konsequenzen. Ab 1986 wurden Reden Gorbatschows an den Parteischulen offiziell nicht mehr diskutiert, und ab 1987 wurden sie nicht mehr in das Literaturverzeichnis aufgenommen. Die Anwendung der Losung "Von der Sowjetunion lernen heißt siegen lernen!" wurde verboten, und bei internen Auseinandersetzungen mit sogenannten Betonköpfen wurde diese Losung als konterrevolutionär bezeichnet.

Ähnlich erging es dem gemeinsamen Dokument von SPD und SED "Der Streit der Ideologien und die gemeinsame Sicherheit" 1987. Zunächst wurde das Dokument Gegenstand von Diskussionen an den Parteischulen, nachdem das Politbüro interpretiert hatte, daß dieses Dokument ein Ausdruck des Sieges der Kommunisten über die Sozialdemokratie sei. Aber solche herauskristallisierten Formulierungen wie "Der Systemwettstreit ... kann den sozialen Fortschritt in beiden Systemen befördern und beschleunigen", "Die offene Diskussion über den Wettbewerb der Systeme, ihre Erfolge und Mißerfolge, Vorzüge und Nachteile" führten an den Parteischulen zu ersten schwachen Versuchen einer DDR-spezifischen kritischeren Bestandsaufnahme. - Schon nach kurzer Zeit verschwand das Dokument aus den Unterrichtsmaterialien.

Wenn wir diese Hintergründe und ausgewählten Zusammenhänge sehen, dann läßt sich mit Blick auf das Jahr 1989 und den schlagartigen Zusammenbruch des DDR-Sozialismus feststellen:

Eine reformerische Bewegung innerhalb der SED-Mitgliedschaft hat es nicht gegeben. Eine angestrebte Lösung der Probleme in der DDR so durchzuführen, daß Reformkommunisten an der Spitze der Bürgerbewegungen den Wandel einleiteten, wie es in anderen osteuropäischen Ländern eingetreten war, war nicht zu erwarten. So bedauerlich dies dem einen oder anderen heute auch erscheinen mag: Die Bestrebungen vom Herbst 1989, über die Bürgerbewegungen, sozusagen von außen, Reformen im Sozialismus der DDR durchzusetzen, waren vor diesem Hintergrund zwar ehrenwert gedacht, aber letzten Endes doch nur eine Utopie. Die inneren Macht-, Kontroll- und Überwachungsstrukturen waren so perfektioniert, besonders in der SED, daß ein Zusammenschluß von SED-Reformern nicht stattfinden konnte.

Selbstverständlich gab es Mitglieder der SED, die für Reformen, für das Aufbrechen von Verkrustungen, für den Dialog mit den Bürgerbewegungen waren. Natürlich gab es SED-Mitglieder, die sich einen Schuß Zivilcourage bewahrt hatten, die realistisch an neue Positionsbestimmungen herangehen konnten. Aber sie waren in der absoluten Minderheit, verfügten kaum über politischen Einfluß und tendierten in ihrer Wirkung gegen Null.

Es sei aber der Vollständigkeit halber bemerkt, daß bis weit in den Herbst 1989 hinein ein westeuropäischer Verhaltenskodex funktionierte, der an den Parteischulen auch immer wieder bewußt hervorgehoben wurde, nämlich: Es ist gut für die Sicherheit Europas, daß es zwei deutsche Staaten gibt. Die DDR als stabiler politischer und wirtschaftlicher Faktor wirkt sich positiv auf das Klima in Europa aus. - Um so höher ist nach meiner Auffassung unter diesen Umständen der Mut der Menschen in der DDR zu bewerten, die 1989 auf die Straße gingen, ohne Sicherheiten für den Ausgang ihres "Marsches ohne Gewalt" im eigenen Land oder im östlichen oder westlichen Ausland zu haben.

Meinerseits ein abschließender Gedanke:

Die Menschen im Osten Deutschlands werden seit drei Jahren mit der Tatsache konfrontiert, zu politischen Tagesereignissen, aber auch zu Wertvorstellungen eine Fülle von unterschiedlichen Standpunkten und Meinungen dargeboten zu bekommen. Sie waren daran gewöhnt, oft mit zeitlicher Verzögerung, durch die Medien der DDR nur die regierungsamtliche Mitteilung, d. h. den Standpunkt der SED-Führung, aufzunehmen. Die Einstellung der Menschen und ihr Verhalten zu politischen Grundfragen sind heute zu einer veränderbaren Größe geworden. Hinzu kommt die Tatsache, daß ein scheinbar festgefügtes Wertesystem und individuelle Wertvorstellungen der Menschen zusammengebrochen sind. Dadurch entsteht eine unterschiedliche Betroffenheit, die quer durch die Familien, durch Freundeskreise, Arbeitskollektive, soziale Schichtungen und die Parteien geht.

Die Fragen nach Mitschuld, nach Anteil und Verantwortung im alten System, nach Irrtümern und nicht mehr tragbaren Wertmaßstäben, aber auch Fragen nach Besinnung und Neuorientierung werden die Menschen noch lange beschäftigen. Bietet die neue Gesellschaft nicht genügend Chancengleichheit, versagt die Politik in der Aufklärung, in der geistig-redlichen Begleitung von neuer Politik und der gemeinsamen Aufarbeitung deutsch-deutscher Geschichte, dann wachsen die Gefahren des politischen Extremismus linker und rechter Prägung.

Für die politische Kultur in Deutschland besteht die Chance, den derzeitigen Prozeß der Aufarbeitung deutscher Vergangenheit gerade nicht nur unter dem Aspekt des Schuldigseins der Ostdeutschen zu thematisieren. Die künftige geistig-politische Entwicklung im geeinten Deutschland wird voraussichtlich davon geprägt sein, daß die Bürger der neuen Bundesländer einerseits den tiefen Einstellungswandel schneller nachvollziehen müssen, den die Westdeutschen in den letzten 40 Jahren erlebt haben. Andererseits werden sie diesen Prozeß nicht nur nachahmen. Eines zeigte sich im letzten Jahr deutlicher: Sie werden ihn, durch ihre eigenen Erfahrungen bedingt, auch durch die historischen, aktiv mitgestalten und auf diese Weise etwas Neues einbringen. Dies wird auch auf die Einstellung der Bürger in den alten Bundesländern nicht ohne Einfluß bleiben. Ob die jeweiligen Reaktionen eher positiv oder "motzkihaft" sein werden, bleibt abzuwarten.

Das bedeutet, daß wir uns in einer komplizierten Situation befinden. In ökonomisch und politisch krisenhaften Zeiten kann der scheinbar stabile Bestand an demokratischen Einstellungen und Werten durchaus bei einem bestimmten Teil der Bevölkerung ins Wanken geraten. Damit stehen wir alle - in besonderem Maße die Politik, die Medien, die Kultur - unter der doppelten Verantwortung, aus dem Umgang mit unserer ostdeutsch-westdeutsch-verflochtenen Vergangenheit nicht neue Gefahren für den Bestand der Demokratie erwachsen zu lassen.

(Beifall)

Vorsitzender Rainer Eppelmann: Herzlichen Dank, Herr Dr. Donner. - Es war, glaube ich, vertretbar, daß Sie überzogen haben. Ich möchte allen noch einmal deutlich machen: Wir reden hier nicht nur von ein paar tausend Leuten, die da unterrichtet worden sind. Die SED ist eine Partei mit weit mehr als zwei Millionen Mitgliedern gewesen. Das heißt: Die Inhalte, von denen hier geredet worden ist, haben viele, viele von uns ehemaligen DDR-Bürgern zur Kenntnis nehmen müssen. Das ist mehr oder weniger intensiv in uns drin. Wir werden immer wieder auch darüber nachzudenken haben: Wie gehen wir miteinander um?

Der nächste Referent, Herr Dieter Müller aus Chemnitz, spricht für einen Bereich von Bildungsarbeit, in dem vermutlich noch mehr von uns beschäftigt und eingebunden gewesen sind. Herr Müller ist von 1951 bis 1992, also 41 Jahre lang, Berufsschullehrer im Bereich Metall gewesen, einige Jahre als Leiter einer Berufsschule. Vielleicht sollte ich noch hinzufügen, daß er seit 1992 im Vorruhestand ist.

Herr Müller, ich bitte Sie nun, das Wort zu ergreifen.

Sv Dieter Müller: Ich möchte einige Ausführungen zur Berufsausbildung in der DDR machen. Sie haben gehört, daß ich viele Jahre in der Praxis, in der Schulstube, tätig war. Ich war dabei mehr als 30 Jahre an der gleichen Einrichtung. Das war eine betriebliche Einrichtung des Textilmaschinenbaus in Chemnitz. Sie gehörte zweifellos nicht zu den Vorzeigeobjekten des Bezirks oder gar der DDR. Aber ich würde sie als einen soliden Durchschnitt einschätzen. Dort wurde eine fachlich gute Arbeit geleistet, die in der Industrie und in den Betrieben auch Anerkennung fand.

Auf Grund dieser Tätigkeit möchte ich zu drei Punkten Ausführungen machen, erstens zur Organisation der Berufsausbildung in der DDR, zweitens zu den Leitungslinien, die sich entwickelt hatten, und drittens zum Einfluß der örtlichen Parteileitungen auf die Berufsausbildung speziell in einer Betriebsberufsschule.

Zur Organisation der Berufsausbildung. - Die Berufsausbildung war Bestandteil des sozialistischen Bildungssystems. Die Mehrzahl der Schulabgänger setzte den Bildungsweg über die Berufsausbildung fort. Die Lehrzeit in den meisten Berufen betrug - zumindest in den letzten zehn oder 20 Jahren - im Durchschnitt zwei Jahre für die Abgänger der Klasse 10; für Abgänger der Klasse 8 waren es drei Jahre. Auch im Bildungsgang "Berufsausbildung mit Abitur" betrug die Lehrzeit drei Jahre.

Bestandteil der Berufsausbildung war erstens die theoretische Ausbildung, die Schulausbildung, die wir als solche in der Berufsschule schlechthin kennen. Seit den 70er Jahren gehörte dazu auch die vormilitärische Ausbildung der männlichen Lehrlinge und die Sanitätsausbildung für die weiblichen Lehrlinge. Die Teilnahme daran war für die Lehrlinge per Lehrvertrag und Gesetz Pflicht. Alle mußten also an diesen Formen der Ausbildung teilnehmen.

Der zweite Zweig der Berufsausbildung vollzog sich selbstverständlich in der praktischen Ausbildung, die in der Mehrzahl der Fälle in Ausbildungsstätten, in Lehrwerkstätten durchgeführt wurde. Dabei hat sich in den letzten zwei Jahrzehnten etwa der Ablauf so gestaltet, daß das letzte Halbjahr am künftigen Arbeitsplatz zu absolvieren war.

Zur Durchführung dieser Teile der Ausbildung gab es unterschiedliche berufsbildende Einrichtungen. Zum einen existierten in den Städten und Kreisen kommunale Berufsschulen, die vorwiegend die theoretische Ausbildung für Berufe des Handwerks, der Wirtschaft, der Verwaltung und auch der Landwirtschaft durchführten. Daneben gab es die Betriebsberufsschulen mit den Abteilungen "theoretische Ausbildung" und "praktische Ausbildung" und seit 1959 auch den Aufgabenbereich "polytechnischer Unterricht", der im Auftrag der Volksbildung durchgeführt wurde.

Diese Betriebsberufsschulen sind Anfang der 50er Jahre gebildet worden, zunächst in größeren Betrieben, Schwerpunktbetrieben, und sie waren für die eigenen Lehrlinge gedacht, sofern eine entsprechend große Anzahl damals ausgebildet wurde. Allerdings hat sich diese Zuordnung in den Folgejahren wesentlich verändert. In den Betriebsberufsschulen wurde zunehmend auch die Ausbildung für gleichartige andere Betriebe, Betriebe des Kombinats oder Wirtschaftszweigs durchgeführt. An der Einrichtung, an der ich tätig war, waren das zuletzt Lehrlinge aus insgesamt 60 Betrieben.

Die theoretische Ausbildung in dieser Abteilung erfolgte unter Koordinierung der Räte der Städte bzw. der Abteilungen, die bei den Räten der Städte oder Kreise vorhanden waren. Die Klassenbildung wurde von dort koordiniert und entsprechend den Vorgaben vorgenommen. Damit sollte eine effektive Auslastung des Personals, der Unterrichtsräume und all der Kapazitäten ermöglicht werden.

Neben den Betriebsberufsschulen gab es noch die Betriebsschulen, was manchmal vielleicht zur Verwirrung führte. Die Bezeichnung "Betriebsschule" erhielten die Einrichtungen, die zusätzlich einen Bereich Erwachsenenbildung hatten, in denen also z. B. eine Meisterausbildung durchgeführt wurde.

Es gab auch noch eine Reihe von selbständigen Ausbildungsstätten, die nur die praktische Ausbildung durchführten.

Zur inneren Struktur einer Betriebsberufsschule gehörten neben dem Leiter, der die Bezeichnung Direktor trug, entsprechend der Zahl der Lehrlinge stellvertretende Direktoren oder ein stellvertretender Direktor oder "Abteilungsleiter Theorie" und "Abteilungsleiter Praxis". Des weiteren gab es eine Funktion "Instrukteur für Kultur und Sport", der die Aufgabe hatte, diesen Bereich zu organisieren, und in der praktischen Ausbildung, wiederum abhängig von Berufsstruktur und Anzahl der Lehrlinge, Lehrobermeister. - Insgesamt gab es für den Einsatz solcher Leitungskräfte staatliche Normative.

Der Strukturplan einer Einrichtung mußte unabhängig von der Unterstellung auf jeden Fall von staatlichen Organen der kreisfreien Städte oder der Kreise bestätigt werden.

Die Vorteile einer solchen Ausbildung an einer Betriebsberufsschule bestanden sicherlich darin, daß die gesamte Ausbildung unter einer einheitlichen Leitung durchgeführt werden konnte. Damit war es möglich, den Ablauf der Lehrplanteile in der Theorie und Praxis weitestgehend zu koordinieren und damit natürlich auch effektiv und rationell zu arbeiten. Damit war es auch möglich, das pädagogische Regime einheitlich durchzusetzen. Es hat sich als nicht ungünstig erwiesen, daß mit diesen Betriebsberufsschulen eine direkte Verbindung zur Produktion eines größeren Betriebes ständig vorhanden war.

Natürlich gab es bei diesen in den Nachkriegsjahren gebildeten Einrichtungen auch eine ganze Reihe von Nachteilen, die sich vor allem im theoretischen Bereich stark auswirkten, wenn man nämlich die materiellen Bedingungen, vor allem hinsichtlich der Schulgebäude - das möchte ich in Anführungsstriche setzen - betrachtet. Unter den Bedingungen, unter denen Anfang der 50er Jahre diese Schulen gebildet wurden, war es in kaum einem Betrieb möglich, ein eigenes Schulgebäude oder ein schulähnliches Gebäude zur Verfügung zu stellen. Deshalb wurden Produktionsflächen, Produktionsräume entsprechend umgebaut und diesen neuen Anforderungen angepaßt. Meist geschah das dann auch noch unter dem Dach.

In der Folgezeit gab es natürlich Bestrebungen seitens der Betriebe, bedingt durch Vergrößerung der Produktion, des Produktionsumfangs, diese Flächen wieder zurückzugewinnen. Ein Neubau von Schulen und dergleichen im betrieblichen Bereich scheiterte aber zunächst einmal an der Bereitstellung von Investitionen. Das mußte ja zentral über die wirtschaftsleitenden Organe erfolgen. Wenn schon einmal Investitionen bereitgestellt werden konnten, dann scheiterte das Vorhaben nicht zuletzt an der fehlenden Baukapazität im Territorium, so daß an vielen Schulen, so auch dort, wo ich tätig war, dieses 1950/51 geschaffene Provisorium zur Dauerlösung wurde. Damit waren von den räumlichen Bedingungen her die Gestaltungsmöglichkeiten sehr stark eingeschränkt.

Das betraf allerdings - das muß ich hinzufügen - nicht die Ausstattung selbst. Die Betriebsberufsschulen hatten dazu eigentlich in vertretbarem Umfang Mittel zur Verfügung und hatten auch die Unterstützung des Betriebs.

Bessere Bedingungen gab es in den Lehrwerkstätten - darauf komme ich noch einmal zu sprechen -, weil das auch ein unmittelbares Anliegen der Betriebe selbst war.

Ich will die Schulen im kommunalen Bereich nicht ganz weglassen. - Die kommunalen Schulen waren in eigentlichen Schulgebäuden untergebracht, allerdings auch Altbausubstanz. Die Mittel, die in den Jahren im kommunalen Sektor zur Instandhaltung bereitgestellt werden konnten, waren kaum ausreichend. Auch im kommunalen Sektor gab es das Problem des Neubaus von Schulen, gab es Nachholbedarf, Turnhallen beispielsweise. Aber auch hier war das, genauso wie bei der Bereitstellung von Investitionen im betrieblichen Bereich, immer wieder an der Baukapazität gescheitert.

Soviel also zur Organisation.

Nun einiges zu den Leitungslinien. - Der Grundsatz "Die Leitung erfolgt durch den Staat " wurde in der Berufsausbildung ebenso wie im gesamten Bildungswesen durchgesetzt. Allerdings gab es immer eine - ich will einmal so sagen - gewisse Rivalität zwischen dem Ministerium für Volksbildung und dem gebildeten Staatssekretariat für Berufsbildung. Diese Rivalität setzte sich nach meinen Erfahrungen bis in die unteren Ebenen der Städte und Kreise fort. Es hat auch immer mal Diskussionen und Hinweise des Inhalts gegeben, daß die Berufsausbildung der Volksbildung zugeordnet werden solle. Aber das ist nie verwirklicht worden.

Es gab also das Staatssekretariat für Berufsbildung, das der Staatlichen Plankommission untergeordnet war. Vom Staatssekretariat für Berufsbildung führten dann die Leitungslinien über Abteilungen Berufsbildung, Berufsberatung bei den Räten der Bezirke und von da zu den Räten der kreisfreien Städte oder der Kreise. Von diesen Abteilungen Berufsbildung, Berufsberatung ging dann die direkte Linie zum Direktor bzw. Leiter der jeweiligen berufsbildenden Einrichtung.

Der zweite Weg ging über die Fachministerien, die auch einen Fachbereich Bildung mit all den Dingen, Aufgaben, Inspektionen und dergleichen mehr unterhielten, von da zu den Kombinaten und von dort zu den Betrieben. Der Verantwortliche in Betriebsberufsschulen war arbeitsrechtlich und durch diese Leitlinien der Betriebsdirektor. Diese Verantwortung wurde in vielen Betrieben dem Direktor "Kader und Bildung" zugeordnet. Von da wurde dann der Direktor der Betriebsberufsschule oder Betriebsschule angeleitet.

Damit ergab sich für die Betriebsberufsschulen und Betriebsschulen eine doppelte Unterstellung. Arbeitsrechtlich war der Betriebsdirektor zuständig, und für alle anderen Fragen, die den Inhalt der Berufsausbildung betrafen, war das staatliche Organ zuständig.

Es gab noch eine Besonderheit vom Inhalt her.
In der Berufsausbildung, in der theoretischen Ausbildung und Allgemeinbildung war für die meisten Berufe das Fach Staatsbürgerkunde und Sport und in der Abiturausbildung dann natürlich auch die Naturwissenschaften, Fremdsprachen und Deutsch verbindlich. In diesem Bereich war das weisungsberechtigte Organ die Volksbildung.

Daraus ergab sich eine besondere Stellung der Betriebsberufsschulen im System des Betriebs. Die Betriebsberufsschule war Bestandteil des Betriebes und - man muß es so sagen - eine der Betriebsabteilungen. Die praktische Ausbildung, die in der Betriebsberufsschule durchgeführt wurde, war natürlich besonderes Anliegen des Betriebes. In den letzten 20 Jahren etwa - so muß ich auch hier wieder sagen - wurden die Aufgaben in der praktischen Ausbildung aus der betrieblichen Produktion abgeleitet, und nach und nach wurden die Lehrwerkstätten, also diese praktische Ausbildung, in die Produktion des Betriebes einbezogen.

Die Fertigung von Einzelteilen der mechanischen Fertigung oder die Fertigung von Baugruppen und Aggregaten wurde der praktischen Ausbildung der Betriebsberufsschule übertragen. Damit war natürlich das vorrangige Interesse des Betriebes an dieser Ausbildung gegeben.

Diese Übertragung von Produktionsaufgaben wirkte sich auch positiv aus. Wenn solche Aufgaben an die Lehrlinge übertragen wurden, zumeist an die im zweiten Lehrjahr, hatten die natürlich auch ein Erfolgserlebnis, wenn diese Aggregate dann auch in die Maschinen eingebaut wurden und funktionierten. Die Lehrlinge führten zum Teil auch selbst die Gütekontrolle mit durch. Damit wurde das Verantwortungsbewußtsein erhöht und die Qualität der Arbeit etwas mehr in den Vordergrund gerückt. Das hatte dann doch etwas größeres Gewicht, als wenn nur Übungsstücke gefertigt wurden, die dann anschließend in den Schrott wanderten.

Die Probleme, die daraus entstanden, waren selbstverständlich nicht zu übersehen. Das war natürlich an den betrieblichen Produktionsablauf gekoppelt. In dem Maße, wie dort Stockungen, Schwankungen durch ungenügende Materialbereitstellung eintraten, wirkte sich das natürlich auch auf die Systematik der Ausbildung aus, wirkte sich auch dahin gehend aus, daß Aufgaben zum Teil an Lehrlinge übertragen werden mußten, die in der Ausbildung eigentlich noch gar nicht so weit fortgeschritten waren. Zum Teil wurden die terminlichen Festlegungen nicht dem Ausbildungsablauf gerecht, zum Teil führte das auch dazu, daß zur Einhaltung der Termine die Lehrmeister fertigen mußten.

Probleme entstanden also durch die fehlende oder doch unterbrochene Systematik der Ausbildung und auch durch diskontinuierliche Arbeit.

Von den anderen Gebieten der Berufsausbildung hatte die Betriebsberufsschule im Betrieb eine weitestgehende Selbständigkeit. Der Betrieb stellte die notwendigen Mittel bereit. Probleme gab es selbstverständlich bei Investitionen auch für Maschinen, Anlagen und andere Ausrüstungsgegenstände. Dazu war ja auch die Planung noch ein bißchen schwerfällig. Alles, was mehr als 1 000 Mark kostete, mußte über Investitionen realisiert werden. Wenn es beispielsweise um die Ausstattung der Schule mit Fernsehgeräten und ähnlicher Technik ging, dann scheiterte das an der erforderlichen Freigabe.

Soweit zu den Leitungslinien und der Stellung der Betriebsberufsschule im Betrieb.

Nun noch einige Bemerkungen zur Einflußnahme der örtlichen Parteileitung und der betrieblichen Parteileitung auf die Berufsausbildung. - Auf personellem Gebiet hatte grundsätzlich der Betriebsdirektor das Recht der Einstellung. Die Einstellung eines Leiters, Direktors war allerdings nur mit Zustimmung der Stadtbezirksleitung der SED möglich. Das gleiche galt auch für den Einsatz der Lehrer für Staatsbürgerkunde. Diese Bestätigung mußte jedes Jahr erneut eingeholt werden, auch wenn das der gleiche Lehrer war.

Des weiteren wirkte sich dieser Einfluß dadurch aus, daß bei den Vorbereitungskonferenzen zum Lehr- und Ausbildungsjahr die Abstimmung mit den örtlichen Parteileitungen erfolgte, daß in dieser Abstimmung die Diskussionsbeiträge festgelegt wurden; zum Teil mußten sie auch vorher schriftlich eingereicht werden. Das betraf sowohl Veranstaltungen auf Stadtebene als auch größere Tagungen, die die Betriebe durchzuführen verpflichtet waren. Meist gab es dann auf Grund der doppelten Leitungslinie auch noch ähnliche Veranstaltungen beim Kombinat.

Im Betrieb selbst war die Wirkung der Stadtbezirksleitungen, die in unserem Fall einschlägig waren, nicht direkt zu spüren, weil die Unterstellung etwas anders war als bei den kommunalen Schulen. Die Schulparteiorganisation der kommunalen Schulen unterstand dem Stadtbezirk, der Stadtbezirksleitung direkt. Die Parteiorganisation der Betriebsberufsschule war eine Abteilungsorganisation des Betriebes. Da war die übergeordnete Leitung der Parteisekretär des Betriebes.

Vieles von dem, was hier an Forderungen gestellt wurde, war in der Umsetzung natürlich auch vom persönlichen Verhältnis der Leitung im Betrieb abhängig, abhängig vom Verhältnis Betriebsdirektor zur Schule, Parteisekretär zur Schule usw.

Etwas stärker war dieser Einfluß sicherlich in anderen Einrichtungen zu spüren. Ich sagte vorhin, daß wir eine Durchschnittseinrichtung waren. Wir hatten keine Berufsausbildung mit Abitur - dort war das anders -, und wir hatten auch keine Spezialklassen Offiziersbewerber oder Pilotenausbildung.

Die Betriebsparteiorganisation stellte die Forderungen so, wie die Vorgaben durch übergeordnete Leitungen waren. Das waren in der Regel die Rechenschaftslegungen über die vormilitärische Ausbildung. Hier mußte also die Betriebsberufsschule nachweisen, wie die Maßnahmen geplant und durchgeführt worden sind, wie die Termine und Ausbildungszeiten eingehalten wurden, welche Ergebnisse zustande gekommen sind. Gemessen wurde es ja oft an der Erfüllung von Kriterien für Abzeichen und Auszeichnungen.

Ein zweiter Punkt war die Gewinnung des militärischen Berufsnachwuchses. Einmal ging es darum, daß die Bewerber, die von der Volksbildung in die Berufsausbildung gekommen sind, nicht wieder von ihrer Verpflichtung zurücktraten, und zum anderen ging es darum, Lehrlinge für eine längere Dienstzeit, drei Jahre Dienstzeit, zu gewinnen. Mit diesen Auflagen, die von den Stadtbezirksleitungen über den Betrieb gegeben waren, verband sich zunehmend eine ganze Menge Formalismus; denn eigenartigerweise interessierten nur die Lehrlinge des Betriebs selbst, nicht die der anderen Betriebe, und darüber hinaus auch noch nur die, die in der Stadt wohnten.

Eine solche Planauflage für den Betrieb brachte auch für den Betrieb Widersprüche. Einerseits war er an Facharbeitern interessiert, die möglichst schnell die Arbeitskräftesituation verbessern konnten, andererseits sollten Berufssoldaten aus diesen Reihen gewonnen werden.

Die Gewinnung von Kandidaten für die Partei war ebenfalls eine solche Aufgabe, über die Rechenschaft gefordert wurde.

Diese Schwerpunkte waren bis hin zu den Lehrkräften zu spüren. Allerdings ist, wie es gestern schon einmal anklang, bei den Lehrkräften der Anfang der Information über die Wirksamkeit zu suchen, und so entwickelte sich das Ganze dann natürlich weiter. Es war ein gemeinsames Anliegen. Wir waren ein langjähriges Arbeitskollektiv - gestatten Sie, daß ich den Ausdruck Kollektiv einmal verwende -, das gemeinsam in den 50er Jahren angefangen hatte. So gesehen lag uns gemeinsam immer viel daran, den relativ guten Ruf in den Betrieben des Territoriums und des Kombinats zu halten. Das ist uns, glaube ich, auch gelungen. Ausdruck dafür war, daß viele Betriebe ihre Lehrlinge bei uns ausbilden ließen.

Damit möchte ich meine Ausführungen beenden. Ich stehe natürlich für Fragen zur Verfügung.

Ich bin sicher, daß ich nicht alle Seiten der Berufsausbildung aufgezeigt habe. Vollständig konnte das nicht sein. Es kann auch nicht gesagt werden, glaube ich, daß das überall so gewesen ist.

(Beifall)

Vorsitzender Rainer Eppelmann: Herzlichen Dank, Herr Müller.

Wir haben jetzt noch eine gute Stunde Zeit, um miteinander ins Gespräch zu kommen, Fragen zu stellen und Antworten zu geben. Erster Fragesteller ist Herr Professor Weber.

Sv Prof. Dr. Hermann Weber: Meine Fragen richten sich an Herrn Donner. - Wir haben ja in der Enquete-Kommission schon Wolfgang Leonhard über das System der Parteischulen gehört. Sie haben nun interessanterweise vor allem die 70er und 80er Jahre und da eine mittlere Stufe, die Bezirksparteischulen, angesprochen.

Mich interessiert nun ganz einfach das, was Sie als Erziehungsauftrag genannt haben. Sie haben einige Beispiele gebracht, etwa das objektive Eintreten für die Durchführung der Parteibeschlüsse. Das scheint mir natürlich ein bißchen wenig zu sein angesichts der Frage: Was sollte bei diesen Funktionären, auch auf dieser mittleren Ebene, denn herauskommen? Es waren Einjahreslehrgänge. Das war viel Zeit, und da wurde von der Partei offenbar auch viel Geld hineingesteckt. Also wollte sie doch etwas erreichen.

Meine erste Frage ist nun also: Ist nicht das eigentliche Erziehungsziel das gleiche, das wir in der ganzen Gesellschaft hatten, daß nämlich der Untertan, auch in der Partei, erzogen werden soll, d. h. nicht bloß die Verwirklichung von Parteibeschlüssen zu erreichen, sondern zu erreichen, daß das, was die Parteiführung sagt, genau das ist, was jederzeit, und zwar bedingungslos, erfüllt werden muß? - Sie haben das an einer Stelle angesprochen, aber ich hätte das gern doch noch ein bißchen konkreter. Wie hat man das dann gemacht? Gab es beispielsweise immer noch dieses Prinzip der Feindschaft zum "Objektivismus"? Waren westliche Literatur, westliche Zeitungen für diejenigen, die dort studierten, nicht zugänglich? Hat sich das in den 80er Jahren vielleicht etwas verändert? Wie war es mit solchen Dingen, die der Bevölkerung vorenthalten wurden, etwa "Sputnik"? Ist das wenigstens auf diesen Parteischulen gewesen, oder wie sah das in den 80er Jahren aus?

Wenn man sich vor Augen führt, wie die Gesamtideologie gewiß vor allem ein Instrument der Herrschaftssicherung war, muß man fragen: Wie war das denn mit der Immunisierung? Man mußte ja versuchen, die eigenen Anhänger gegenüber dem, was man gegnerische Einflüsse nannte, zu immunisieren. Sie haben von Revisionismus gesprochen. Das geht aber ja weiter. Ist in diesen späten Jahren beispielsweise die Frage des Antifaschismus immer noch einbezogen worden, gab es also nicht nur die Schwarzweißmalerei mit dem bösen Kapitalismus/Imperialismus? Inwieweit ist auch die Tradition etwa des Antifaschismus als eine solche Immunisierungsstrategie genutzt worden, um die Leute nicht nur als Untertan fest in der Hand zu haben, sondern sie auch abzuschirmen, was etwa "Objektivismus" angeht?

Ich wäre Ihnen dankbar, wenn Sie das ein bißchen genauer beschreiben könnten, darstellen könnten, wie man sich den Ablauf an einer solchen Schule vorzustellen hat. Das geht über diese allgemeinen Themen, die Sie genannt haben, hinaus. War diese Militarisierung, die man ja überall sah, auch dort irgendwie zu spüren? Waren es halbmilitärische Formen, die da eine Rolle spielten? Gab es so etwas wie, Fahnenweihen und Fahnenappelle und Ähnliches, oder war das dort mehr auf ziviler Ebene?

Abg. Dr. Harald Kahl (CDU/CSU): Ich habe auch einige Fragen an Herrn Dr. Donner.

Zur ersten Frage. - An einem Parteilehrjahr, insbesondere aber an einer Parteischule teilnehmen zu müssen, war oft über Parteiauftrag geregelt. Ich habe all das mehr oder weniger an der Basis erlebt, und ich weiß: Es hat da seitens der Parteimitglieder sehr viel Widerwilligkeit gegeben, zum einen weil man sich mit den vermittelten Lehrinhalten nicht unbedingt identifizierte. Dort wurde Marxismus-Leninismus gelehrt, wurde die Geschichte der Arbeiterklasse zum soundso vielten Male wiederholt. Das waren Lehrinhalte, die eigentlich fernab der Wirklichkeit waren. Zum anderen kamen die zu diesem Lehrjahr Delegierten in einen Konflikt mit dem sogenannten Arbeitskollektiv, nämlich denjenigen, die die Arbeit der Delegierten während der Zeit mitmachen mußten, in der diese Delegierten an der Schule ihren Studien nachgingen. Die Mitglieder des Kollektivs sagten nämlich: Wir müssen die Arbeit, die eigentlich du zu erbringen hast, ständig mit erbringen; dir wird das auch noch besonders honoriert, während wir zum Teil die doppelte Arbeit machen müssen und uns das als nichtgesellschaftliche Arbeit überhaupt nicht honoriert wird.

Eine weitere Frage. - Ich habe ja nun Schulen der sozialistischen Arbeit, Berichterstattung FDJ-Schuljahr, Berichterstattung Messe der Meister von Morgen, Neuererwesen erlebt. Ich möchte Sie fragen: Inwieweit hat man denn diese Berichterstattung überhaupt ernst genommen? - Ich kann Ihnen aus meiner Erfahrung eigentlich nur versichern, daß selbst die strammsten SED-Mitglieder diese Veranstaltungen "Schulen der sozialistischen Arbeit", MMM und Neuererwesen umfunktioniert haben und die Berichte nichts anderes als eine Anhäufung von Lügen und Unwahrheiten waren. Man wurde ja auf Grund der Tatsache, daß die Berichte eben so angelegt waren, quasi zum Lügen erzogen. Man wurde ständig ermuntert, weiter zu lügen, weil das ja nie kontrolliert wurde.

Deshalb meine Frage: Hat man die Berichte überhaupt ernst

genommen, oder war das mehr oder weniger nur eine Art Selbstbeweihräucherung?

Sv Martin Gutzeit: Eine Frage an Dr. Donner. - Sie stellten fest: Je höher irgendein Funktionär stand, desto höher war auch der Wahrheitsanspruch. - In welcher Weise spielte eine solche Parteischule, an der Sie tätig waren, für die Herausbildung eines solchen Selbstbewußtseins, einer solchen Anmaßung eines privilegierten Wahrheitszugangs eine wichtige Rolle? Es scheint ja so zu sein, daß dort höhere Weihen erteilt wurden. Wie wurde also in dieser Parteischule sozusagen dieses Elitebewußtsein geprägt?

Sie sagten dann noch, daß Parteimitglieder unterschiedlichster Herkunft und sozialer Stellung dort zusammenkamen. Inwieweit spielte diese Mischung eine Rolle? Gab es Spannungen, gab es Konflikte auf Grund eines unterschiedlichen intellektuellen Niveaus? Wie wirkte sich das in den Diskussionen aus? Wer hat da dominiert? Wer hat geprägt?

Herr Müller, ich habe ja auch einen Beruf in der DDR gelernt, habe auch eine solche Betriebsberufsschule besucht und die praktische Ausbildung in solch einem kleinen Kollektiv erlebt. Dort habe ich auch den ideologischen Zwang, die Disziplinierung mitbekommen. Wie lief das nach Ihrem Eindruck an Ihrer Schule? Können Sie einmal ein bißchen näher beschreiben, wie die Jugendlichen, die Lehrlinge auf eine gewisse Linie gebracht wurden? - Das ist bei Ihnen, meine ich, ein bißchen zu kurz gekommen.

Abg. Gerd Poppe (BÜNDNIS 90/DIE GRÜNEN): Zunächst zu Herrn Dr. Donner. Sie haben mit Recht, finde ich, gesagt, daß es in der SED solche Reformbewegungen größeren Ausmaßes nicht gegeben hat. Mir sind bzw. waren sehr viele ehemalige SED-Mitglieder bekannt, die eben diesen Versuch unternommen haben, aber daran gescheitert sind und dann zwangsläufig entweder ausgetreten sind oder rausgeworfen wurden. Kann es nun nicht sein, daß der Unterschied zu den osteuropäischen Staaten darin besteht, daß dort die jeweiligen Strömungen eher in die Gesamtpartei integrierbar waren, während das hierarchische Prinzip, innerhalb der SED auf die Spitze getrieben, regelrecht verhinderte, daß eine Auseinandersetzung zwischen verschiedenen Strömungen tatsächlich produktiv möglich wurde?

Ich meine also: Es hat sie gegeben, und sie sind dann tatsächlich Bestandteil der Opposition oder der Bürgerbewegungen geworden, aber eben deswegen, weil sie draußen waren und nicht mehr in der SED waren.

In den 70er Jahren gab es einen Streit darüber - an dem habe ich mich selber auch beteiligt, ohne in der SED gewesen zu sein; aber ich habe ihn durchaus auch mit deren Mitgliedern geführt -, ob es denn möglich wäre, Reformen innerhalb des Systems, innerhalb der Institutionen herbeizuführen, oder ob man sie ausschließlich von außen herbeiführen könnte. Das war eine sehr langwierige Auseinandersetzung, und sie ist im Grunde genommen immer unentschieden ausgegangen. In den 80er Jahren aber hat sich dieser Streit, denke ich, entschieden; denn dann war klar: Es geht nur noch von außen.

In diesem Zusammenhang muß ich dann eine Anmerkung zu dem machen, was Sie gesagt haben. - Das Ziel der Bürgergruppen, der Umweltgruppen, Friedensgruppen, Menschenrechtsgruppen usw., später dann der Bürgerbewegung in der zweiten Hälfte der 80er Jahre war nicht mehr, Reformen innerhalb der DDR herbeizuführen, sondern das Ziel war eindeutig auf die Entwicklung von Demokratie und Garantie der Menschenrechte sowie natürlich auf diese spezifischen Dinge wie Umweltbewegung usw. gerichtet. Das war also mit einer ganz klaren Zielstellung versehen; es ging nicht darum, eine Reform der DDR herbeizuführen. Das war im Grunde genommen außerhalb unseres Denkens. Diese Zukunft war weitgehend offengehalten worden. Das war, glaube ich, gerade der Unterschied dieser späten 80er Jahre gegenüber dem, was in den 70er Jahren beispielsweise geschah.

Letzte Bemerkung dazu. - In Osteuropa war es ja auch nicht so, daß sich die Reformer der jeweiligen kommunistischen Parteien an die Spitze der Bürgerbewegung gesetzt hätten, wie Sie gesagt haben; im Grunde genommen haben sie nur geschickter agiert, um verlorengegangenes Terrain zu retten. Vergleichen wir doch einmal die Runden Tische in Polen und in der DDR! Der Runde Tisch in der DDR hat zum völligen Machtverlust der SED geführt; sie hat dort keinerlei Terrain mehr für sich durch irgendwelche Übergangsregelungen erhalten können. Demgegenüber ist in Polen immerhin noch ein Stück Machtsicherung über einen Zeitraum, der über diese revolutionären Ereignisse weit hinausging, nämlich noch etwa zwei Jahre lang, gelungen, wahrscheinlich einfach durch dieses geschicktere Manövrieren der Reformbewegung.

Ich sehe aber nicht, daß sich - sagen wir einmal - in Polen und Ungarn die Parteireformer an die Spitze gesetzt hätten. Die Spitze war eindeutig in Polen die Solidarnosc oder in Ungarn die Demokratiebewegung.

In Richtung auf Herrn Müller möchte ich zwei Probleme ansprechen. - Sie sagten, Sie hätten es als positiv empfunden, daß die Lehrlinge z. B. nicht mehr irgendwelche sinnlosen Stücke bearbeiten mußten, die man dann wegwarf, sondern irgendwo doch in den Produktionsprozeß eingebunden waren. Ich habe das als sehr problematisch erlebt, z. B. deswegen, weil es je nach den örtlichen Schwerpunkten der Industrie immer wieder vorgekommen ist, daß eigens Lehrberufe erfunden wurden, beispielsweise in der elektronischen Industrie. In der Gegend um Teltow herum gab es drei oder vier Großbetriebe. Es war fast unmöglich, einen Lehrberuf dort zu finden, der nichts mit dieser Industrie zu tun hatte. So wurde eigens ein Facharbeiterberuf, den es vorher nie gegeben hatte, geschaffen mit dem Ergebnis, daß die Lehrlinge sofort ans Fließband gesetzt wurden und sozusagen die ganze Zeit ihrer Ausbildung tatsächlich als kleines Rädchen in diese Produktionsprozeß integriert waren, aber letzten Endes nichts gelernt haben. Sie bekamen dann diesen Facharbeiterbrief, waren aber auf Gedeih und Verderb diesem Industriezweig, diesem ganz spezifischen Industriezweig, ausgeliefert. Das hat sich dann ganz verheerend ausgewirkt. Nachdem solche Industriezweige zusammengebrochen sind, stehen genau diese Leute mit dieser Facharbeiterausbildung vor dem Nichts, weil sie nämlich ganz speziell nur für diese eine Aufgabe ausgebildet worden waren.

Eine letzte Frage an Sie. - Sie sprachen ja auch die vormilitärische Ausbildung an. Ist Ihnen bekannt, daß es in den 80er Jahren eine Anweisung gab, die wohl an viele Betriebe gegangen ist, in der festgestellt wurde, daß Jugendliche, die sich der vormilitärischen Ausbildung verweigern, entweder damit zu rechnen haben, daß sie einen Lehrberuf erst gar nicht aufnehmen können, daß also vorsortiert wird, je nachdem, ob eine solche Bereitschaftserklärung schon vorliegt, oder, wenn sie sich bereits in der Lehre befinden, mit der Drohung konfrontiert werden, daß sie aus der Lehre hinausfliegen und diese nicht beenden können? Das war ein zentrales Papier, das uns damals vorlag. Mich interessiert nun, inwieweit es tatsächlich Versuche gegeben hat, das in den einzelnen Lehrbetrieben durchzusetzen.

Abg. Dirk Hansen (F.D.P.): Meine erste Frage richte ich an Herrn Müller. Sie schließt an das an, was Herr Poppe gesagt hat. - Man hat immer von der Spezialisierung oder der Höchstqualifizierung der Ausbildung in Betriebsberufsschulen gesprochen. Wie beurteilen Sie denn diese betrieblich orientierte Spezialisierung in der beruflichen Ausbildung? Ich frage einmal überspitzt: Hat nicht eine Ausbildung von Anlernlingen statt von Lehrlingen stattgefunden? Mit anderen Worten: Ist die Orientierung an den Betrieben und damit an der betrieblichen Produktion und Produktivität, diese Spezialisierung, nicht gerade der Grund dafür, daß eine Unterqualifizierung stattfand? - Ich will nur als Beispiel nennen, daß ich in Greifswald jetzt in einer überbetrieblichen Ausbildungsstätte erlebt habe, daß eine ganze Gruppe von Elektronikfacharbeitern, die vorher an dem AKW tätig waren, lernte, Strippen zu ziehen, also Kabel zu verlegen, was zeigt, daß eine Grundbildung oder Grundausbildung im Beruf nicht vorhanden war.

Wie beurteilen Sie auch im Zusammenhang damit die Tatsache, daß durch die Orientierung auf den Betrieb im Grunde die Perspektive für alles das, was außerhalb des Betriebes möglich und notwendig war, eben nicht vermittelt wurde? Ist es so, daß auch das, was an der Schule geleistet werden sollte, verlorengegangen ist, weil sich auch die Schule, also Sie, an den betrieblichen Perspektiven und Notwendigkeiten orientierten?

Meine zweite Frage geht an Herrn Donner. - Sie haben am Schluß gesagt, daß unterschiedliche Interessen nicht öffentlich gemacht wurden und argumentative Auseinandersetzungen entgegengesetzter Bewertungen nur wenig stattfanden. Soll ich aus dieser Formulierung schließen, daß dann eben nichtöffentlich, gewissermaßen in internen Zirkeln, unter Lehrern an den Parteischulen oder in der Partei selber, eine solche Auseinandersetzung oder Diskussion, wenn man so will, im Ursinne von Dialektik eben doch stattgefunden hat, nur eben nicht weitervermittelt wurde? War es also so, daß das nichtöffentlich geschah, also nur geheim, intern, oder ist es doch so weit gegangen, daß im Grunde im Sinne dessen, was Herr Professor Weber auch gefragt hat, der Erziehung zum Untertanengeist, gewissermaßen auch die Erziehenden oder Lehrenden selber schon die Schere im Kopf hatten und gar nicht mehr im Sinne von These und Antithese nachdachten, geschweige denn lehrten?

<u>Sv Dr. Bernd Faulenbach:</u> Ich wende mich zunächst an Herrn Müller. - Herr Müller, Sie haben ein riesiges Feld zu behandeln. Uns interessieren im Kontext dieser Anhörung insbesondere die politischen Dimensionen der verschiedenen Themenfelder. Sie haben über die vormilitärische Ausbildung gesprochen. Darüber hinaus gab es ja doch auch so etwas wie Staatsbürgerkunde. Können Sie etwas über die Rolle der politischen

Bildung sagen? Was lief in diesem Bereich im Rahmen der berufsbildenden Schulen? Welches Gewicht hat sie gehabt? Wie war das Interesse der jungen Leute im Rahmen ihrer Ausbildung an der politischen Bildung in dem Kontext, den sie hier behandelt haben?

Ich möchte dann gern noch Fragen an Herrn Donner richten. - Herr Donner, Sie haben sich unter dem vergleichsweise umfassenden Thema "Ideologie und Politik in der Erwachsenenbildung" im wesentlichen auf die Bezirksparteischulen konzentriert. Dennoch die Frage nach dem Verhältnis der SED-Schulungsarbeit zur Schulungsarbeit anderer Institutionen. Auch der FDGB hat ja ein umfassendes Schulungskonzept gehabt. Vielleicht können Sie das einmal gegeneinanderstellen. Worin bestand das Spezifikum des SED-Schulungsapparats? Worin bestand das Spezifikum des Schulungsapparats des FDGB? Der FDGB hat ja auch Funktionärsbildung gemacht, nicht nur Massenbildung. Vielleicht können Sie dabei die Frage beantworten, ob aus Ihrer Sicht die FDGB-Bildungsarbeit etwas offener als die der SED war. Oder kann man das nicht sagen? - Ich wäre Ihnen dankbar, wenn Sie dazu einmal eine Einschätzung vornähmen. - Daneben müßte eigentlich auch die politische Bildung außerhalb dieser Institutionen einbezogen werden. Gab es so etwas wie politische Bildung im Rahmen der Volkshochschulen oder der Urania, über die Sie hier gesprochen haben? Wurden alle diese Institutionen auch von der SED unmittelbar gesteuert und, wenn ja, inwieweit, von wem, von welcher Institution in der SED?

Die zweite Frage an Herrn Müller greift praktisch den Gedankengang von Herrn Weber noch einmal auf. - Die uns wirklich beschäftigende Frage ist ja die nach den Mechanismen. Wie war es möglich, daß diese Bildungsinstitutionen nicht nur nicht zur Auflockerung des Systems beigetragen haben, sondern geradezu Institutionen der Betonierung dieses Systems gewesen sind?

In diesem Kontext ist zu fragen: Worin bestand denn der Bildungsbegriff? Wie war das Verhältnis von Bildungsbegriff, Erziehungsbegriff und Schulungsbegriff? Welche Disziplinierungsmaßnahmen gab es etwa auf der Ebene dieser Bezirksparteischulen? Wie hat man sich das überhaupt vorzustellen, daß die Diskussionen, die eigentlich doch in der Gesellschaft geführt wurden, da abgeschottet, abgebrochen wurden? Welche Mittel wurden eingesetzt?

In dem Zusammenhang auch noch die Frage: Welche Informationsmöglichkeiten hatten denn diejenigen, die eine solche Bezirksparteischule besuchten? Welche Zeitschriften internationaler Art, welche Zeitungen aus dem Ausland und aus der Bundesrepublik waren dort permanent einsehbar? Ich denke an die sowjetischen Zeitungen, aber auch an die des übrigen östlichen Auslandes. Was war gar an westlichen Zeitungen und Zeitschriften auf der Ebene der Bezirksparteischulen verfügbar?

Wenn man den Klassenfeind bekämpfen wollte, mußte man doch vielleicht auch etwas von dem Klassenfeind kennen. Deshalb die Frage: Was kannte man denn effektiv von den Gedankengängen des Klassenfeindes?

Abg. Prof. Dr. Roswitha Wisniewski (CDU/CSU): Zunächst eine Frage an Herrn Müller. - Herr Müller, Sie haben ausgeführt, daß offenbar auch zu einem beträchtlichen Anteil Allgemeinbildung innerhalb dieser beruflichen Ausbildung vermittelt wurde. Wenn ich richtig notiert habe, haben Sie eine Reihenfolge genannt, die etwa wie folgt lautete: Staatsbürgerkunde, Sport, Naturwissenschaften, Deutsch. - Ist diese Reihenfolge gleichzeitig eine - sagen wir einmal - Bedeutungsstufung, oder wie war die Stufung? Was war am bedeutendsten?

Ist es richtig, was Herr Poppe, glaube ich, gerade auch sehr überzeugend ausgeführt hat, daß natürlich eine weitgehende Spezialisierung vorlag, die sich auch dadurch ergab, daß das jeweilige Berufsumfeld im weitesten Sinne, also wahrscheinlich irgendwelche Techniken, Technikzusammenhänge, nicht vermittelt wurde? Dieses "Teile und herrsche" in der Bildung - das ist uns schon manchmal aufgefallen - kann man ja dadurch erreichen, daß man das Denken in Zusammenhängen möglichst nicht vermittelt. Wurde also dieses Denken in Zusammenhängen, jetzt speziell im beruflichen Bereich, vermittelt?

Die Frage an Herrn Dr. Donner ist eine Frage zur Unterrichtspraxis. - Wie wir gestern gehört haben, herrschte vor allem das Gruppenprinzip in der Unterrichtspraxis; und zwar offenbar mit einer starken Gruppenführung; der Begriff Despotie, den jemand verwendet hat, ist dafür vielleicht ein bißchen sehr scharf. Aber wie wurde nun unterrichtet? Gab es Einzelreferate derer, die da als Lehrende auftraten? Waren die Themen, vor allem im Marxismus-Leninismus vorgegeben? Gab es, wie manchmal gesagt wird, regelrechte katechetenartige Bücher, nach denen unterrichtet werden mußte, oder ist das übertrieben?

Wie war die Aufnahme durch die Schüler? Mußten die z.B. individuelle schriftliche Arbeiten oder individuelle Referate erarbeiten, oder gab es nur Gruppenarbeit mit gegenseitiger Kontrolle?

Gab es Bibliotheken, in denen man sich individuell informieren konnte?

Schließlich die Frage: Kann es sein, daß diese offenbar sehr umfangreiche und vielleicht auch etwas penetrante politische Bildungsarbeit, die in den Parteischulen betrieben wurde, gerade zum Bewußtmachen des Widerspruchs zwischen dem ideologischen Anspruch und der Wirklichkeit, die diesem Anspruch eben nicht entsprach, beigetragen hat, so daß also à la longue genau diese Entwicklung eingetreten ist, die sich dann offenbar an den einzelnen Phasen ablesen läßt, daß, wie Sie auch sagten, die Diskussionsbereitschaft jedenfalls in den 80er Jahren stärker wurde, auch wenn am Schluß bei den einzelnen Bildungsveranstaltungen wieder das herausgekommen ist, was herauskommen mußte?

Abg. Evelin Fischer (Gräfenhainichen) (SPD): Meine erste Frage geht an Herrn Dr. Donner. - Herr Dr. Donner, Sie sagten, daß sich in Ungarn, Polen und der Tschechoslowakei sozusagen eine Opposition innerhalb der kommunistischen Parteien bildete, die dann eine Art Reformbewegung in Gang setzte. In der DDR hat das ja nun nicht geklappt. Innerhalb der SED konnte sich keine Opposition bilden. Könnte das Ihrer Ansicht nach daran liegen, daß es ja auch Blockparteien gab, in denen sich dann diese Opposition zersplitterte, so daß sich eben nicht aus einer einzigen Partei heraus diese Opposition bilden konnte? Wir wissen ja, daß es in diesen Ländern gerade keine Blockparteien gab. In den Blockparteien der DDR dagegen zeigte sich - jedenfalls nach dem, was wir bisher herausgearbeitet haben - doch punktuell, hier oder da, oppositionelles Denken.

Die zweite Frage geht an Herrn Müller. - Herr Müller, Sie wissen, daß zwischen Theorie und Praxis immer eine Lücke klaffte, was man in den allgemeinbildenden Schulen sicherlich noch vermitteln konnte. Die Schüler dort konnte man noch von den Vorteilen der sozialistischen Produktion und Produktionsweise usw. überzeugen. Es wurde zunehmend schwieriger, wenn die Jugendlichen dann in der Berufsausbildung standen und sich die sozialistischen Produktionsstätten anschauten und dort arbeiten mußten.

Innerhalb dieser Berufsschulklassen gab es doch relativ offene Gespräche, und da wurde auch gesagt: Was wir hier sehen, können wir so nicht akzeptieren. - Gab es da Richtlinien für Ausbilder und auch für Berufsschullehrer, Richtlinien dafür, wie sie versuchen sollten, diese Diskrepanz, die es ja offensichtlich gab, den Jugendlichen zu vermitteln und ihnen zu vermitteln, daß die sozialistische Produktion ja wohl doch das Bessere sei, um die Jugendlichen doch noch dahin zu bekommen, wohin man sie haben wollte?

Sie haben ja, wie Sie sagten, in Metallberufen ausgebildet. Wie hoch war denn der Anteil der Mädchen, die einen solchen Beruf ergriffen? Wie viele Mädchen und junge Frauen sind dann tatsächlich in diesen Beruf eingestiegen? - Ich habe diese Frage gestellt, obwohl ich eigentlich schon weiß, daß sehr viele Mädchen diesen Beruf früher oder später aufgaben. - Ich frage deshalb weiter: Worin sehen Sie die Ursachen dafür, daß eben Mädchen in diesen typischen Jungenberufen aufgaben? - Wir beobachten jetzt ja ein ähnliches Phänomen in den neuen Bundesländern, nämlich daß sehr wenige typische Mädchenberufe angeboten werden und sehr wenige Mädchen in die sogenannten typischen Männerberufe gehen.

Ich möchte von Ihnen also nur wissen: Worin sahen Sie damals die Ursache für dieses Phänomen, das eintrat, obwohl doch alle Voraussetzungen dafür da waren, daß Mädchen Männerberufe ausüben konnten? Warum ist es trotzdem nicht in dem gewünschten Maße zustande gekommen?

Sv Prof. Dr. Hans-Adolf Jacobsen: Herr Donner, ich gehe davon aus, daß Sie ein zweites Referat halten müssen, da so viele entscheidende und wichtige Fragen gestellt worden sind, die die Enquete-Kommission interessieren. Ich möchte diesen Katalog nicht wesentlich erweitern, sondern nur eine prinzipielle Frage stellen, und zwar anknüpfend an das, was schon einige Damen und Herren, etwa Herr Weber, Herr Hansen und Herr Faulenbach, bezüglich des Inhalts und der inneren Diskussion gefragt haben.

Nun haben Sie sehr stark auf die ideologischen Grundlagen des Marxismus-Leninismus abgehoben. Das ist ja alles akzeptabel, und das ist uns bekannt. Vielleicht hätte man bei dieser Gelegenheit die innere Diskussion in der Auseinandersetzung mit uns, mit dem Westen, noch ein wenig problematisieren sollen. Ich erwähne zwei Stichworte:

Zum einen ist die immer größer werdende Schwierigkeit zu nennen, vor dem Hintergrund des marxistischen Determinismus Probleme der friedlichen Koexistenz mit uns zu diskutieren. - Ist das mehr eine taktische Variante? Hat man die strategische

Linie - Sie wissen, was ich damit meine - aufgegeben oder nicht?

Ein Thema, das uns in den 70er Jahren von Jahr zu Jahr mehr beschäftigte, war die Auseinandersetzung mit uns über die Frage der sozialistischen Nation: Es gibt eine sozialistische Nation. - Wir haben in der DDR damals bei Diskussionen in der Akademie der Wissenschaften eines immer feststellen können, nämlich daß nach einer gewissen Zeit die Schwierigkeiten der DDR-Wissenschaftler in der Argumentation immer größer wurden.

Jetzt war und ist für uns unter anderem folgende Frage wichtig: Gab es denn so etwas wie eine Sprachregelung im Dialog mit dem - in Anführungsstrichen - Klassenfeind dahin gehend, daß man da sehr viel flexibler auf die Argumentation der westlichen Seite reagierte, losgelöst von bestimmten Dogmen, da man mit Dogmen bei uns gar nicht weiterkam, so daß eine gewisse Annäherung möglich war? - Nach unseren Erfahrungen kamen hier von Jahr zu Jahr größere Schwierigkeiten der Ideologen auf der anderen Seite auf, die sogenannten Grundprinzipien zu rechtfertigen, also auch die in dem Bereich sozialistische Nation oder friedliche Koexistenz. Noch einmal die Frage also: Gab es da eine Möglichkeit der Sprachregelung? Hatten die, die mit uns im Dialog waren, Möglichkeiten, viel variabler zu diskutieren als intern, wo ja die Disziplinierung im Vordergrund stand?

Abg. Dr. Dorothee Wilms (CDU/CSU): Herr Donner, ich möchte gern einmal die Größenordnung wissen. Wie viele Menschen sind denn pro Jahr oder in einem Zweijahreszeitraum in diese Bezirksparteischulen gekommen? Waren das überwiegend Männer? Wie hoch war der Prozentsatz der Frauen?

Nun zum Inhaltlichen, und das schließt etwas an verschiedene Fragen an, die schon gestellt worden sind. - Wie hat man denn für jeden erkennbare Entwicklungen dieser Welt diskutiert? Hat man sie intern auch immer nur durch die rosarote

Brille diskutiert? Nehmen wir als Beispiel einmal das für alle erkennbare Umweltproblem, das sich weltweit auftat, in besonderer Weise in den Industrieländern und natürlich auch in der vormaligen DDR. Hat man einmal sachlich darüber diskutiert, oder ist das selbst in diesen internen Zirkeln nur ideologisch verbrämt worden? Das gleiche gilt für technische Entwicklungen und ähnliches.

Die andere Frage, die indirekt schon einmal an Sie gestellt wurde, ist: Inwieweit hatten Sie die Möglichkeit, westliche Medien zu sehen, frei zu sehen oder als Unterrichtsmittel - so kann man ja auch Medien behandeln - an die Hand zu bekommen?

Herr Müller, vielleicht unterscheide ich mich mit meiner These jetzt ein wenig von dem, was bisher gesagt wurde. Ich denke, daß die Berufsausbildung in der DDR nicht in allen Teilen schlecht gewesen ist und daß man gerade in den traditionellen Berufsbildern an das angeschlossen hat, was in der Zeit davor, auch in der NS-Zeit, gewesen war. Es hat ja viele Weiterentwicklungen gegeben, die dort direkt angeschlossen haben. Das hat man zwar nicht wissen wollen, aber das war so.

Wir haben bei vielen, die als Übersiedler hierherkamen, folgendes festgestellt: Die Leute waren gut ausgebildet, etwa im Schlosserberuf, sozusagen in dem traditionellen Berufsbild des Schlossers. Was fehlte, waren die modernen Ergänzungen in Richtung Elektronik oder EDV. - Können Sie das bestätigen? Hing das mit der Mangelsituation zusammen, oder warum hat man diese Modernisierung nicht weiter vollzogen?

(unverstl. Zuruf)

- Das will ich wissen. Es hat ja, wenn ich gerade an die Elektronik denke, einen Schwerpunkt gegeben. Wieweit hat man also versucht, auch die Berufsbilder entsprechend weiterzuentwickeln?

Dann interessiert mich - auch in Ergänzung zu Vorfragen -: Wie war das zeitliche Verhältnis, in Wochenstunden ausgedrückt, zwischen der fachlichen Bildung, der fachlichen Ausbildung, und dem, was man eben Gesellschaftslehre im weiteren Sinne nennt? - Dieses Verhältnis zwischen Allgemeinbildung und Fachbildung ist eine Frage, die auch bei uns in der alten Bundesrepublik immer eine große Rolle gespielt hat.

Nun zu einem Bereich, den Sie überhaupt nicht angesprochen haben und zu dem ich gern noch etwas hören möchte. - Wie hat sich denn eigentlich die Berufswahl abgespielt? Wie war der Übergang von der Schule zu der Berufsausbildung? Konnte der Jugendliche, das Mädchen oder der Junge, sagen "Ich will diesen oder jenen Beruf erlernen ", oder gab es eine Zuweisung direkter oder indirekter Art? - Zu diesem Phänomen des Übergangs von Schule zu Berufsausbildung möchte ich von Ihnen gern noch einige Worte hören.

Vorsitzender <u>Rainer Eppelmann:</u> Da insgesamt 15 der im Augenblick anwesenden 19 Kommissionsmitglieder entweder schon eine Frage gestellt haben oder signalisiert haben, daß sie noch eine Frage stellen wollen, gehe ich davon aus, daß ich jetzt die Rednerliste schließen darf, ohne Ihren leidenschaftlichen Protest zu erwecken, um den beiden Referenten dann auch noch eine Chance geben zu können, auf die Fragen zu antworten. - Danke.

Markus Meckel, bitte.

<u>Abg. Markus Meckel</u> (SPD): Meine Frage geht auch an Herrn Donner. - Aus dem, was Sie gesagt haben, ist deutlich geworden, daß diese Parteischulen, wenn man so will, Umsetzungsschulen für das sind, was auf den Parteitagen beschlossen worden ist. Meine Frage geht nun dahin: Gab es irgendwo im Bereich der Parteischulen, wenn auch nicht offiziell, so etwas wie - auf neudeutsch würde man sagen - think tanks der Partei, wo eine eigenständige Auseinandersetzung passiert ist, wo der

Frage nachgegangen wurde, wo es eigentlich hingehen müßte, meinetwegen innerhalb des ideologischen Rasters, aber eben doch in einer freien Auseinandersetzung mit den Problemen? Hat es so etwas auf den Ebenen, die Ihnen bekannt sind, gegeben?

Zweite Frage. Hat es so etwas im Bereich des ZK gegeben, wohin Sie Beziehungen hatten? Gab es also irgendwelche Informationsstränge von den Schulen zu solchen Gruppen, deren Existenz ich jetzt einmal voraussetze, ohne sicher zu sein, daß es sie überhaupt gab, in denen eine andere Politik und auch grundlegendere Veränderungen des Systems und Reformen diskutiert wurden, meinetwegen auch innerhalb des ideologischen Grundrahmens, aber doch angepaßt an eine veränderte Weltsituation und an konkrete neue wirtschaftliche und politische Situationen? Hat es so etwas gegeben? Welche Rolle hat das in Ihrer eigenen Tätigkeit gespielt? Gab es Verbindungen in solchen Fragen zwischen verschiedenen Schulen? - Das ist das, was ich eigentlich suche und zu dem ich bisher immer nur hörte, auch auf anderen Ebenen, daß es das nicht gab. Deshalb meine Frage auch an Sie.

Sv Prof. Dr. Herbert Wolf: Ich habe ebenfalls eine Frage an Herrn Donner, und zwar anknüpfend an die Frage, die Herr Hansen schon gestellt hat, nämlich die Frage nach der Atmosphäre, nach dem eigenen Denken, Verhalten und vielleicht Ausdiskutieren von Problemen im Lehrkörper der Parteischulen selbst.

Ich möchte das an zwei Prozessen festmachen, die nach meiner Kenntnis im Hochschulwesen - ich komme aus dem Hochschulwesen - doch zu erheblichen Diskussionen, wenn auch hinter vorgehaltener Hand, geführt haben.

Die Wetterleuchterscheinungen der letzten Jahre Breschnews, der Zeit Andropows - eine Problematisierung des Verhältnisses zur SU trat ja nicht erst mit Gorbatschow ein; man sprach ja schon von der Andropolis an Stelle des Kreml -, der letzte Parteitag Breschnews voller Kotaus usw., alles das hat zu erheblichen Diskussionen geführt. Gab es solche im

Parteischul-Lehrkader? Ich kann auch die krisenhafte Entwicklung der Ökonomie der DDR Anfang der 80er Jahre erwähnen. Nun bin ich zwar Ökonom, aber ich weiß auch von Kollegen, die z. B. an der Parteihochschule tätig waren, daß das die Lehrkader natürlich sehr beschäftigt hat; denn sie standen ja in der Widerspruchssituation. Sie mußten etwas darlegen, und auf der anderen Seite zeichnete sich schon ab, daß das vielleicht auseinanderging.

Ich weiß, daß die Möglichkeiten begrenzt waren, aber ich könnte mir doch vorstellen, daß unter bestimmten Bedingungen so etwas wie Meinungsbildungsprozesse oder sozusagen Vorformen von Organisationsprozessen möglich waren, natürlich informeller Natur.

Sv Prof. Dr. Manfred Wilke: Herr Müller, der Herr Kossakowski hat uns gestern an Hand von Zitaten eines bundesdeutschen Bildungssoziologen noch einmal vorgeführt, welche Anerkennung doch die DDR-Pädagogik im allgemeinen im Westen gehabt hat. Ich möchte hinzufügen - ich habe das gestern schon eingebracht -, daß bei den Leuten, die sich bei uns mit Bildungspolitik in der DDR beschäftigt haben, die Berufsbildung unstrittig den besten Ruf genoß. Ich weiß auch, daß bei den vielen Delegationen, die vom Deutschen Gewerkschaftsbund nach 1972 in die DDR gefahren sind, die Besichtigung von Berufsschuleinrichtungen und die Propagierung der sozialistischen Bildung an Hand der Berufsbildung zur stehenden Einrichtung gehört haben.

Jetzt will ich die Frage sozusagen einmal umdrehen: Was ist denn von diesem ganzen Legitimationsgeschehen - da sind ja Hochglanzbroschüren verteilt worden; ich denke daran auch in bezug auf diese Delegationsreisen - bei Ihnen angekommen? Wie ist das angekommen?

Zu der Problematik der Einheit von Theorie und Praxis in den Betriebsberufsschulen. - Frau Wilms hat schon zu Recht darauf hingewiesen, daß das bis ins Kaiserreich und die Weimarer Republik zurückreicht. Zu denken ist etwa daran, daß Siemens schon in den 80er Jahren des vorigen Jahrhunderts eine Betriebsberufsschule geschaffen hat und daß die ganzen Bürolehrberufe in den großen Unternehmen auch in dieser Form organisiert worden sind. Das ist eine deutsche Tradition, die die DDR nur fortgeführt hat und in den Kombinaten sozusagen konsequent zu Ende geführt hat. Das war für uns auch ein faszinierendes Konzept.

Aber für uns wurde natürlich irgendwann, als wir uns um empirische Fakten gekümmert haben, sehr deutlich, wo auch die Grenzen sind, die Sie ja auch schon aufgezeigt haben, nämlich die betriebsspezifische Ausbildung von - wie Herr Hansen formulierte - Anlernberufen.

Die Frage, die mich vor allem interessiert, ist: Wie ist denn das in der Hochzeit, in den 80er Jahren gewesen, als sozusagen beide Regierungen in Deutschland über Kulturabkommen, Bildungsabkommen geredet haben? Welche Chancen von Innovation gab es eigentlich? Es hätte sich ja angeboten, etwa bei der Elektronikausbildung oder der Entwicklung von Facharbeiterberufen in dem Bereich mit den westdeutschen Unternehmen zu kooperieren. Gab es überhaupt Ansätze dazu?

Haben die westdeutschen Delegierten, die sich von der IG Metall oder von anderen Industriegewerkschaften in Ihren Betrieb verirrten, einmal kritische Fragen nach dem Zustand der von Ihnen ja sehr plastisch geschilderten Berufsschule gestellt, etwa danach, wann denn hier Innovation passiert? Wie war das in bezug auf den innerdeutschen Delegationsverkehr und die Frge der Legitimation des DDR-Bildungswesens mit der Berufsbildung? Wie haben Sie das vor Ort erlebt?

Abg. Angelika Barbe (SPD): Meine Fragen richten sich an Herrn Müller. - Zur Information: Ich bin auch ausgebildete Betriebsschlosserin.

Ich möchte als erstes den Bereich ansprechen, den Herr Poppe benannt hat, der darauf hingewiesen hat, daß es auf die

Betriebsabläufe in den Betrieben zugeschnittene Berufsausbildungen gab. Ich kann das bestätigen. Ich sollte zunächst zur Landmaschinen- und Traktorenschlosserin ausgebildet werden. Als der Betrieb eine Umgestaltung erfuhr, wurden wir alle nur noch Betriebsschlosser. Das heißt: Statt Landmaschinen und Traktoren zu reparieren, durften wir nur noch elektrisch sägen, elektrisch bohren. Wir waren in eine Norm eingepaßt und mußten die Norm erfüllen, die uns vorgegeben war. Danach - das war wichtig - wurden wir auch zensiert.

Zweitens. Wir alle mußten sofort in die GST und dann, als das Alter erreicht war, auch in den FDGB eintreten. Das war Voraussetzung dafür, daß wir dann auch das Abitur bekamen. Wir gehörten nämlich zu einer Gruppe, die das Abitur nur noch generell mit Berufsausbildung erhielt. Das waren etwa zehn Jahrgänge.

Dritter Punkt. Gab es in den Berufsschulen, die Sie kennen, oder in den Bereichen, die Sie kennen, Kollektivveranstaltungen, wie sie in den Schulen stattgefunden haben, sogenannte Kollektivbildungsmaßnahmen? - Es ist ja erstaunlich, daß Arbeiter und Handwerker - ich sage das jetzt einmal stark verkürzt - der SED weniger auf den Leim gingen als die Intellektuellen. Hat das eventuell damit zu tun, daß man in den Berufsschulen auf diese Ideologisierung nicht mehr so viel Wert legte? Ich frage das nur an.

Viertens. Gab es Unterschiede zwischen der Berufsausbildung in den metallverarbeitenden Betrieben, die Sie kennen, und der Berufsausbildung meinetwegen als Buchhändler? - Eine Schwester von mir hat in Leipzig eine Buchhändlerlehre absolviert. Es war ein ganz hartes rotes Regime, das dort herrschte. Sie war dort ganz anderem Druck ausgesetzt, als ich das beispielsweise in der Berufsausbildung in der Metallverarbeitung kennengelernt habe.

Sv Martin-M. Passauer: Ich nutze die Gelegenheit dieser Fragerunde, ein Interesse öffentlich zu machen, das ich als Vertreter der Kirche hier habe. In der Enquete-Kommission behandeln wir ja auch das Thema Kirche.

Herr Donner, Sie haben gesagt - das steht auch auf der Seite 6 Ihrer Ausarbeitung -, daß in den Gesprächen der Aufnahmekommissionen die Mitgliedschaft in der Kirche ein wesentlicher Punkt war. Ich will jetzt nichts über das Verhältnis der Partei zur Institution Kirche wissen, sondern etwas zum inhaltlichen Dialog hören; Dialog zwischen Marxismus und Kirche hat ja offiziell nie stattgefunden.

Ich nutze die Gelegenheit zu fragen: Gibt es dafür Ursachen, die Sie benennen können, und zwar außer denen, die uns sowieso bekannt sind, also Berührungsängste oder marxistische Religionskritik oder andere Dinge? Gab es von seiten der Parteileitung klare Vorgaben, die besagten "Mit der Kirche haben wir wenig oder gar nichts zu tun, und deshalb sind Gespräche mit der Kirche nicht zu führen, und Leute, die zur Kirche gehören, werden auch in diese Kategorie einrangiert"? - Es gab ja die Vorstellung, daß man mit der vorhandenen Kirche noch halbwegs auszukommen versuchen muß, aber angesichts der marxistischen Religionskritik alles verhindern muß, was eine Ausweitung oder eine Ausdehnung bewirken oder ein missionarisches Feld der Kirche eröffnen könnte.

Meine Frage an Sie beide, Herr Donner und Herr Müller: Wie ist die Vorgabe in bezug darauf gewesen, wie man sich mit der Kirche zu verhalten, zu verständigen hat, und wie haben Sie selber das praktiziert, inhaltlich wie institutionell?

Vorsitzender Rainer Eppelmann: Ich bitte nun zunächst Herrn Müller, auf die Fragen zu antworten, die an ihn gestellt worden sind. Bitte schön.

Dieter Müller: Ich will versuchen, die Fragen der Reihe nach zu beantworten.

Zunächst ging es um die Erziehungsarbeit in den Kollektiven, in den Lehrlingsgruppen in der praktischen Ausbildung. Ich möchte das eigentlich auch auf die Klassen erweitern. - Es war Prinzip - das war eine generelle Forderung, die mit den jährlichen Lehrjahresanweisungen gestellt wurde -, daß im gesamten Unterricht, ganz gleich in welchem Unterrichtsfach oder auf welchem Gebiet, die politisch-ideologische Erziehung wirksam sein sollte, d. h. der Lehrmeister in der praktischen Ausbildung oder der Lehrer, ganz gleich in welchem Unterrichtsfach, seinen Unterricht so zu gestalten hatte, daß die Erziehung zur Herausbildung eines Klassenstandpunktes führte, daß die marxistisch-leninistische Weltanschauung vermittelt wurde. Das sollte generell Prinzip sein.

Darüber hinaus ist es in der Durchführung immer so gewesen, daß die Ausbildungswoche in der praktischen Ausbildung nach einer Absprache, früh zu Arbeitsbeginn, durch den Lehrmeister erfolgte. Hier gab es dann vom Obermeister eigenverantwortlich oder vom Direktor oder nach Vorgaben von außen Aufträge, bestimmte Gedenktage zu würdigen oder bestimmte Tagesereignisse mit den Lehrlingen zu besprechen.

Es gab des weiteren - ich will das auch nicht ganz so eng sehen - FDJ-Studien, ja. Es gab auch eine ganze Zeit lang das Bemühen - vielleicht trifft das auch schon ein wenig die Frage nach Kollektivveranstaltungen -, daß der Lehrmeister außerhalb seiner Ausbildungsarbeit mit seinem Lehrlingskollektiv bestimmte Veranstaltungen besucht oder z. B. Kegeln geht - wir hatten eine Kegelbahn - und dergleichen mehr. Auch dort sollten natürlich politische Themen behandelt werden.

Generell sollten dann in der Ausbildung für alle Lehrlinge bestimmte Höhepunkte, Feiertage, Staatsfeiertage der DDR - der 7. Oktober beispielsweise - begangen werden. Es wurde dann in Form von Appellen gebracht. Damit entfiel die persönliche Arbeit des Lehrmeisters.

Ich muß dazusagen: Mit welcher Qualität das immer gewesen ist, bleibt natürlich ein ganzes Stück offen.

Etwa 40 % bis 50 % war der Organisationsgrad, was Mitgliedschaft in der SED anging. Alles andere waren meist parteilose Kollegen; Mitgliedschaften in den Blockparteien waren wenig vorhanden. Der Lehrobermeister hatte das dann entsprechend einzuschätzen und zu werten.

Zur zweiten Frage: Praktische Ausbildung, Übungsstücke, die dann weggeworfen wurden, weil sie nutzlos waren. - Wir hatten in den vielen Jahren in der praktischen Ausbildung eigentlich immer das Bestreben, den Lehrlingen vom ersten Tag an sinnvolle Arbeiten zu übertragen. In der Metallbearbeitung, bei den Maschinenbauern wurden einfache Werkzeuge gefertigt, Zangen und dergleichen mehr, die der Lehrling dann gegen ein kleines Entgelt auch erwerben konnte. Daran konnten die Grundfertigkeiten ausreichend geübt werden. Dann sollte schrittweise der Übergang zu anderen, anspruchsvolleren Aufgaben herbeigeführt werden. Daß das nicht immer so klappte, habe ich vorhin deutlich zu machen versucht.

Zur Erfindung von Berufen, so wie die Industrie das forderte. - Das kann man auf einigen Gebieten nicht ganz ausschließen. Allerdings muß man hinzufügen, daß die Erarbeitung von neuen Berufsbildern eigentlich unter Einbeziehung von vielen Lehrkräften aus allen Bereichen erfolgte. Die Ministerien erhielten den Auftrag, das in ihrem Bereich für einen bestimmten Beruf zu organisieren. So sind die neuen Berufe, vor allem in der Elektronik, dann eigentlich doch unter Beteiligung vieler entstanden.

Das Ziel bestand ja darin - das klang in einer anderen Frage auch an -, alle Tätigkeiten zum Facharbeiterberuf zu machen. So ist es natürlich nicht ausgeblieben, daß auch die weniger anspruchsvollen Tätigkeiten, die in der Industrie ja vorhanden sind, mit Facharbeiterberufen belegt werden mußten. Das führte dann eben dazu, daß die Ausbildung sehr einseitig erfolgte, eben auf Grund der betrieblichen Erfordernisse.

Wir haben das Problem auch bei Elektronikfacharbeitern gehabt. Der Lehrplan schreibt eine ganze Reihe von Lehrgängen vor, die in den einzelnen Betrieben meist noch gar nicht durchführbar waren, weil die Bedingungen nicht da waren. Es war sehr schwierig, das bei den verschiedenen Betrieben doch einigermaßen in die richtigen Relationen zu bringen, gerade auch die Ausbildung am künftigen Arbeitsplatz.

Zur Frage nach der Nichtteilnahme an der vormilitärischen Ausbildung. - Die Entscheidung wurde eigentlich schon in den Gesprächen der Einstellungsbetriebe getroffen. Das war nicht Sache der Betriebsberufsschule. Bei der Einstellung wurde durch die Direktoren "Kader und Bildung" oder wie auch immer darauf hingewiesen, daß das Pflicht ist. Mir persönlich sind aus dem Bereich, in dem ich tätig war, keine Entscheidungen des Inhalts bekannt, daß jemand dann die Lehre abbrechen mußte.

Es gab Probleme mit der Teilnahme an der Schießausbildung. Das ist akzeptiert worden. Die Lehrlinge haben daran dann nicht mehr teilgenommen, haben andere, nützliche Arbeiten in dieser Zeit gemacht. Im Grunde genommen muß ich sagen: keine besonderen Probleme.

Zu den Lehrgangsformen hatte ich schon etwas gesagt.

Die Orientierung auf betriebliche Interessen ist sicherlich nicht ganz auszuschließen. Im Grunde genommen haben wir - ich muß das für unsere Einrichtung einmal sagen - Lehrlinge des Textilmaschinenbaus ausgebildet, und so standen die Probleme des Textilmaschinenbaus als Ganzes bei dieser betrieblichen Spezialisierung und Ausbildung im Vordergrund.

Zur politischen Bildung. - Die Staatsbürgerkunde war - ich hatte das vorhin schon gesagt - Pflicht für alle. In Staatsbürgerkunde wurde während der gesamten Ausbildung eine Wochenstunde unterrichtet. Das sind also 45 Minuten gewesen, in denen der Staatsbürgerkundelehrer einwirken sollte. In den letzten Jahren ist in Berichten und Rechenschaftslegungen kritisiert worden, daß der Lehrplan nicht dem Alter entsprach. Es ging um Themen der Philosophie, und das Interesse war natürlich außerordentlich gering. Dazu kam, daß die Lehrbücher, die bei uns angeboten wurden, meines Erachtens den Begriff Lehrbuch kaum verdienten. Das waren reine Fachbücher, die bei den Lehrlingen natürlich absolut nicht ankamen. Es war dann Sache des Lehrers, wie er mit den Lehrlingen arbeitete. Im Grunde genommen war es bei uns eigentlich eine recht offene Atmosphäre.

Damit komme ich zu dem Problem des Widerspruchs zwischen Theorie und Praxis. - Die Widersprüche im Betrieb, in der betrieblichen Produktion, im Absatz, bei der Materialbereitstellung usw. usf. blieben den Lehrlingen logischerweise nicht verborgen. Darüber wurde gesprochen. Niemand hat ein Rezept gehabt, das irgendwie beiseite zu wischen oder als falsch darzustellen. Das mußte letztlich jeder Lehrer akzeptieren. Das war so. Man konnte lediglich noch darauf verweisen, daß das letztlich durch die Menschen zustande kommt, daß eben irgendwo in der Kette ungenügend gearbeitet worden ist.

Zur Frage der Reihenfolge in der Allgemeinbildung. - Das ist von mir ohne Absicht in diese Reihenfolge gebracht worden. Eines muß man natürlich deutlich sagen: Die Staatsbürgerkunde hatte eigentlich immer den Vorrang, die höchste Wertigkeit. Ob das angesichts der 45 Minuten pro Woche berechtigt war, muß ich mit Fragezeichen versehen.

Die anderen Fragen zur Allgemeinbildung und zur Berufsausbildung mit Abitur habe ich zurückgestellt, weil das bei uns nicht aktuell war.

Zum Anteil der Mädchen in Metallberufen. - Es gab sehr wenig Mädchen, die beispielsweise den Beruf Zerspanungsfacharbeiter - so hieß das damals - gelernt haben. Das war pro Lehrjahr vielleicht mal ein Mädchen unter 30 oder 35 Lehrlingen. Die Mädchen sind dann eine Zeitlang in den Betrieben in ihrem Beruf tätig gewesen, haben sich dann allerdings zum Technologen weiterqualifiziert und sind dann in die Materialversorgung gegangen. Es gab keine Mädchen, die nach zehn Jahren oder 20 Jahren noch in dem Beruf tätig waren.

Wir haben auch das Problem gehabt, daß die Arbeit körperlich zu schwer war. Ich weiß von einem Mädchen aus einem Betrieb - das war meines Wissens Großdrehmaschinenbau 8. Mai -, das aus diesem Grund den Beruf wechseln mußte.

Bei den Maschinenbauern hatten wir sonst kaum mal ein Mädchen.

Mehr Mädchen gab es im Beruf Elektronikfacharbeiter, in dem so etwa ab 1985 ausgebildet wurde. Die sind dann eigentlich auch in diesem Beruf geblieben, jedenfalls soweit ich das noch kenne.

Zu der Frage nach den Ursachen für solch einen Wechsel des Berufs. - Die Tätigkeit an der Maschine, die mechanischen Abteilungen im Betrieb, das sah alles nicht besonders attraktiv aus. Die Arbeit war schmutzig und die Maschinen zum Teil überaltert, obwohl sich auch da in den letzten drei Jahren, Ende der 80er Jahre, bei uns im Betrieb Wesentliches verändert hatte. Aber das äußere Bild war eben nicht geeignet, für diesen Beruf zu werben.

Zur guten traditionellen Ausbildung und mangelnden Modernisierung. - In neuen Lehrplänen waren natürlich auch andere Lehrgänge vorgesehen. Das wurde aber durch die mangelnde Bereitstellung der notwendigen Mittel etwas behindert. Ab etwa 1985 wurden auch Computer geliefert. Damit wurden zunächst die großen Schulen mit Berufsausbildung mit Abitur beglückt. Das ging sehr, sehr langsam und zog sich über einige Jahre hin.

Die Ausbildung in den traditionellen Berufen, Maschinenbauer etwa, wie sie heute durchgeführt wird, ist natürlich wesentlich moderner, verlangt allerdings auch wesentlich mehr Mittel, die uns damals nicht zur Verfügung standen, etwa Pneumatik, Hydraulik und dergleichen mehr.

Zur Berufswahl, zum Übergang von der Schule in den Beruf. - Im Territorium gab es ein Verzeichnis der Lehrstellen. Danach konnte der Schüler eigentlich erst einmal selbst auswählen, in welchem Beruf und in welchem Betrieb er sich bewerben will. Zentral festgelegt gab es einen verbindlichen Beginn der Bewerbungen, um den Einfluß persönlicher Beziehungen etwas zu mindern, damit jeder die gleiche Chance hat. Daß das in der Praxis nicht immer ganz so klappte, na ja; das kann wohl nicht anders sein. Aber an sich hatte jeder die Gelegenheit, sich selbst nach Anzahl der Ausbildungsplätze zu überlegen "Dort habe ich größere Chancen " oder "Dort kann ich mich nicht bewerben, weil es bloß eine Lehrstelle gibt ".

Die Gespräche bei der Einstellung sind nicht mit den Vertretern der Berufsausbildung geführt worden. Zum Teil wurde in letzter Zeit der Direktor mit einbezogen, aber im Grunde genommen geschah das von den Betrieben selbst. Uns sind dann die Lehrlinge zugewiesen worden.

Zu den Delegationsreisen. - Bei uns an der Schule waren einige Delegationen. Allerdings muß ich sagen: Das waren Streiflichter, weil die Zeitvorgaben vom Betrieb meist bei 20 Minuten lagen. In 20 Minuten mußte durch die Lehrwerkstatt geführt werden. Die Schüler haben wir eigentlich nie gezeigt. Die waren eine Etage tiefer. Das war auch gar nicht vorgesehen. Damit hätten wir - das muß ich dazusagen - auch keine Reklame machen können. Die praktische Ausbildung wurde aber im allgemeinen anerkannt. Es blieb also bei einem ganz kurzen Austausch mit den Kollegen, die da kamen.

Die Frage, ob mir bei diesen Gelegenheiten Material über Ausbildung in der Alt-Bundesrepublik zugegangen ist, muß ich verneinen. Das gab es nicht. Es gab auch keine Möglichkeit, irgendwelche Verbindungen zu knüpfen.

Zur speziellen Ausbildung. - Die Normung im Betrieb, die Wertung sollte auf den Ausbildungsstand Rücksicht nehmen. Das war für dieses letzte halbe Jahr sicherlich eine Vorgabe, aber da gab es beträchtliche Abstufungen darin, wie das erreicht werden sollte.

Veränderungen, wie gesagt, auf einen Betrieb bezogen, haben wir auszugleichen versucht. Das hat es in unserem Bereich in der Form nicht gegeben.

Mitgliedschaft in den gesellschaftlichen Organisationen war eigentlich von vornherein Pflicht. Die Lehrlinge wurden gleich am ersten Tag der Ausbildung auch in den FDGB aufgenommen. Es gab Einzelfälle, in denen das verweigert wurde. Dann hat der Lehrmeister oder der Obermeister oder der BGL-Vorsitzende noch einmal mit den Lehrlingen gesprochen; dann wurde das auch akzeptiert, und anschließend hat niemand wieder daran gerührt. - In Berichten mußte natürlich der Grad der Mitgliedschaft erfaßt werden.

Zu Kollektivbildungsmaßnahmen in kleinen Gruppen ist es gekommen. In sehr weit zurückliegender Zeit hatten wir das einmal für die gesamte Schule. Das war noch, bevor die vormilitärische Ausbildung eingeführt wurde.

Im Rahmen der vormilitärischen Ausbildung wurde eine Lagerausbildung durchgeführt, die durchaus auch dazu beigetragen hat. Es war nicht nur Ausbildung, zwölf Stunden am Tag, sondern es waren sechs oder sieben Stunden Ausbildung, und dann gab es etwas gelockerte Veranstaltungen mit den Lehrlingen.

Über unterschiedliche Anforderungen und Gestaltungen in den verschiedenen Berufen, die für mich artfremd sind, kann ich keine Aussagen machen.

Verhalten zur Kirche. - Uns hat es eigentlich nie von vornherein interessiert, ob ein Jugendlicher Mitglied der Kirche war oder nicht. Manchmal kam mit den Einstellungen ein Hinweis über die Kaderleitung. Aber ich bin eigentlich davon überzeugt: Da ist bei uns niemand diskriminiert worden. Wir haben das akzeptiert und haben die Lehrlinge behandelt wie alle anderen auch. Die Lehrlinge haben sich eigentlich auch hervorragend eingefügt und ihre Aufgaben manchmal besser erfüllt als andere und sind - das gilt für diejenigen, die mir bekannt waren - uns eher positiv aufgefallen.

Ich hoffe, daß ich damit alle Fragen beantwortet habe.

Vorsitzender Rainer Eppelmann: Danke schön, Herr Müller.
Bevor ich Herrn Dr. Donner das Wort gebe und ihn bitte, sehr gestrafft Antwort zu geben, weil die Zeit doch schon sehr vorangeschritten ist, möchte ich Herrn Müller an einer Stelle ergänzen, liebe Kolleginnen und Kollegen, und zwar in bezug auf die Frage, die Gerd Poppe gestellt hat. - In den 80er Jahren ist die vormilitärische Ausbildung konstitutiver Bestandteil der Berufsausbildung gewesen. Das heißt: Wer sich nicht damit einverstanden erklärte, hat keinen Lehrvertrag bekommen. Zumindest aus Berlin kann ich Ihnen eine ganze Reihe von Fällen nennen, in denen das so gewesen ist. Das gehört zur Klärung also einfach deutlich dazu: Sie war konstitutiver Bestandteil. Wer nicht bereit war, sie mitzumachen, hat keinen Lehrvertrag bekommen.

Herr Dr. Donner, bitte.

Dr. Wolfgang Donner: Ich bin jetzt natürlich in einer ganz schwierigen Situation, weil die Fragestellung über das hinausging, was ich angeboten habe. Auch in meinem Verständnis war das mehr ein Einstieg in eine bestimmte Problematik, eine Auswahl, die ich selber vorgenommen habe. Es ist ganz klar, daß das gesamte System viel umfangreicher war und daß man viel mehr hinterfragen muß, gerade auch in theoretischer Sicht, auch in Fragen der Mechanismen, der persönlichen Verantwortung - es stecken ja immer Menschen dahinter, die damit umgegangen sind oder mit denen umgegangen wurde - usw.

Ich möchte einen Vorschlag zur Güte machen. - Das Manuskript, das Sie inzwischen ja wohl zum Teil erhalten haben, soll irgendwann veröffentlicht werden. Ich habe noch ein paar Seiten. Ich kann zu einigen Fragestellungen in schriftlicher Form auch noch einmal etwas nachreichen. Das möchte ich Ihnen hier anbieten.

(Beifall)

Aus der Fülle der Probleme, die angesprochen worden sind, möchte ich jetzt einfach, vielleicht auch ein bißchen spontan, einige herausgreifen und dazu ein paar Anmerkungen machen, mehr aus dem Erlebnisbereich heraus, also nicht theoretisch sortiert.

Vielfach wurde zum inneren Leben der Parteischulen gefragt. Diese Parteischulen - ich spreche auch jetzt wieder von den Bezirksparteischulen, bleibe bei der Ebene, einfach deshalb, weil mein Einblick da größer ist - waren in gewissem Sinne, glaube ich, Inseln der theoretischen Seligkeit, also fernab von der Realität.

Es wurde gefragt, wie der Rhythmus dort war, wie die Studenten an diesen Parteischulen waren. - Wenn man sich mit der Frage der Wirkung beschäftigt, wird eines deutlich, nämlich daß Disziplinierungsmaßnahmen durchaus ihre Wirkung gezeigt haben, zumindest so, daß die Genossen, die dort waren, gelernt haben, sich in Meinungsäußerungen auch zurückzuhalten, anders, als sie es vielleicht wollten.

Das wird deutlich, wenn man diejenigen, die Jahreslehrgänge absolviert haben, die im Direktstudium waren und internatsmäßig untergebracht waren, und diejenigen, die Fernstudienlehrgänge absolviert haben, miteinander vergleicht. Die Diskussion im Rahmen des Fernstudiums war lebhafter, weil die Leute immer wieder in die Praxis hinauskamen und dann im Betrieb auch angesprochen wurden: Du warst auf der Parteischule. Hast du eine Antwort auf die Probleme, die wir im Betrieb haben? - Da gab es immer Widersprüche, und das merkte man auch in den Unterrichtsveranstaltungen, nämlich dadurch, daß man da um vieles kritischer war, daß da Unsicherheit vorhanden war, daß man Antworten haben wollte. Diese Kritik war nicht in dem Sinne, daß man etwas schlechtmachen wollte; man wollte einfach Antwort auf die Frage, wie es denn weitergeht. Es wurde gesagt: Es gibt doch Probleme, die wir irgendwo lösen müssen.

Bei den Jahreslehrgängen konnte man diese Situation so im September/Oktober feststellen. Da waren die Diskussionen vielfach heftig, auch aus dem Eindruck der Praxis. Je länger die Lehrgänge dauerten, je mehr Disziplinierungsmechanismen wirksam wurden, desto banaler wurden dann eigentlich die Veranstaltungen. Man lernte also, sich einzupassen, anzupassen, das zu sagen, was notwendig war. - Ich hatte ja schon versucht anzudeuten, daß die berufliche Karriere möglicherweise sehr eng damit zusammenhing. Das war durchaus vom äußeren Erscheinungsbild her zu merken.

Ich habe versucht, sowohl beim Lehrerbestand als auch bei den Studenten eine Differenzierung vorzunehmen, was berufliche Ausbildung usw. betrifft. Das bezog sich natürlich auch auf Persönlichkeit. Natürlich gab es unterschiedliche Charaktere an den Parteischulen, Leute, die was durchreißen wollten, solche, die was verändern wollten; es gab auch Leute, die bremsten, oder solche, die - sagen wir einmal - sehr vordergründig vor der Partei einen Diener machten, praktisch schon im Vorfeld wissen wollten, was als nächster Beschluß kommt, um sich schon daran zu halten. - Das war also doch schon ein bißchen differenzierter.

Vom Gesamtinhalt her ging es nach meiner Auffassung gar nicht so sehr um Marxismus als Theorie. Wie gesagt: Ich bleibe bei den Bezirksparteischulen; bei höheren Institutionen war der Spielraum ein bißchen größer. - Es ging also darum, Parteibeschlüsse auf der Linie der Partei zu interpretieren.

Nun zu einer kritischen Bemerkung, die ich intern auch vor 1989 gemacht habe, weil das einfach auch mit meinem Verständnis zusammenhing; das ist also keine neue Erkenntnis. - Die Funktion zwischen Gesellschaftswissenschaft und Politik war eine andere, als man sie in Westeuropa, überhaupt im Westen, in der Bundesrepublik oder auch in Amerika kennt. Wissenschaft und Politik waren sehr miteinander verwoben.

In den 70er und 80er Jahren, als ich direkt den Einblick hatte, war es im wesentlichen so, daß die Wissenschaft ihre

Selbständigkeit verloren hatte. Das heißt: Es wurden Parteigrundsätze erklärt, und die Wissenschaft hatte im wesentlichen eine Alibifunktion zu erfüllen. Man hat dann Zitate herausgesucht, die eben paßgerecht waren. Für den gleichen Sachverhalt gab es natürlich auch andere Zitate, die man hätte nehmen können. Die wurden dann eben nicht verwandt. Die wurden dann auch nicht diskutiert. Ein anderes Beispiel: Wenn es etwa um den jungen Marx ging, der ja ein bißchen anders geschrieben hatte als der alte, wurde dieses historische Argument gebracht, man müsse Marx natürlich in seiner Zeit sehen. - Sonst war das im wesentlichen die reine Lehre. Es war mehr so eine Gratwanderung, die da eine Rolle spielte.

Hier ist auch die Sprachregelung in der Wissenschaft angesprochen worden. - Natürlich konnte man in der Wissenschaft auch anders sprechen. Das gilt auch gerade, wenn ich meinen Gegenstand sehe, für die Philosophie. Da ist ja manches abstrakt. Wenn man geschickt war, konnte man doch manches an Kritik verkaufen - das muß man sagen -, ohne daß es einem Funktionär auffiel. Andere haben es gemerkt.

Das hing mit folgendem zusammen - ich sage das einfach einmal als These -: Natürlich gab es in der Partei sehr kluge Leute, engagierte Leute, die etwas von ihrem Fach verstanden; aber in entscheidenden Führungspositionen - das muß ich leider sagen - war das Allgemeinwissen und das spezielle Wissen nicht allzu hoch. Das ging bis in die Parteispitze hinein. Das heißt: Die Frage nach Elite, Elitetheorie, Elitebewußtsein wurde offiziell negiert - bürgerlich! - und spielte keine Rolle.

Trotzdem bin ich davon überzeugt, daß es eine politische Elite gegeben hat oder daß es eine politische Klasse gegeben hat, die führende Positionen hatte. Aber: In diesem Sinne, wie ich es jetzt einmal ein bißchen abgeschwächt meine, wurde man Elite nicht per Leistung, sondern per Funktion. Das heißt: Es gab eine bestimmte Ebene der Kreissekretäre, der Bezirkssekretäre. Das war eine bestimmte Eliteebene von Leuten, die sich auch miteinander identifizierten, die voneinander wußten, die gleiche Aufgaben hatten. Das sickerte aber nicht so stark durch. Da gab es Hemmschwellen. Es war also keine Offenlegung da. Das bekam man als einfaches Mitglied der SED kaum mit.

Zu diesen Erziehungsmechanismen im Jahreslehrgang. - Ich habe ja auch vom studentischen Eigenleben gesprochen. Das ist natürlich nicht mit einer Hochschule in der DDR zu vergleichen, die ja von der Planung her weitaus disziplinierter war, als man das in westlichen oder bundesdeutschen Hochschulen kennt.

Es war wie folgt: Man kam montags dahin. Es gab eine organisierte Studienzeit, die ging von montags bis freitags immer bis 17 Uhr. Dann wurden immer noch Abendveranstaltungen durchgeführt. Es gab also nur organisierte Studienzeit am Internatsplatz. Wer das Haus aus irgendwelchen persönlichen Gründen verlassen mußte, mußte sich abmelden, mußte einen schriftlichen Antrag stellen oder sich in ein Buch eintragen. Es war also eine ständige Kontrolle vorhanden.

Eine Frage hier war: Wie war das mit den Arbeitskollektiven und mit Mehrarbeit? - Natürlich hat es da Diskussionen gegeben, allerdings nicht so sehr in den großen Kombinaten, den volkseigenen Betrieben oder staatlichen Stellen. Da gab es Gehalt, und da spielte das keine Rolle. Es waren ja genug Arbeitskräfte vorhanden. In den Genossenschaften aber war das anders. Das war ja eine etwas andere Form. Man mußte auch selber was erwirtschaften. Da gab es Kritik, und die Frage wurde gestellt: Wie ist das mit den Genossenschaftsanteilen für Leute, die die Bezirksparteischule besuchen? - Selbst LPG-Vorsitzende haben gesagt: Ich kann es meinen Mitgliedern gegenüber nicht verantworten, daß der ein Jahr raus ist und nichts einbringt; wir müssen mitarbeiten. - In solchen Fällen wurde ein Trick angewandt. Da wurde nämlich der LPG-Vorsitzende zum Lehrgang geholt, und damit war die Sache gelaufen. Wenn er da war, hatten auch die anderen das Recht. Das hat man also - in Anführungsstrichen - recht geschickt hinbekommen.

Wenn bei solchen Aufnahmegesprächen jemand sagte "Ich habe noch einen Familienbetrieb nebenbei; ich habe eine Kuh und fünf Schweine, und ich muß in der Woche dreimal nach Hause, weil meine Frau das Vieh nicht allein füttern kann; wir haben noch kleine Kinder ", wurde ihm entgegengehalten: Dann müssen eben die Schweine geschlachtet oder darf die Kuh nicht gehalten werden. - Bis zu solchen Konsequenzen ging das.

Wenn es nach der Parteischule um den Einsatz dort ging, wo die Partei es wollte, und dann jemand gesagt hat "Ich habe ein Haus; ich kann ja gar nicht weg ", wurde von vornherein entgegengehalten: Das ist kein Alibi; dann muß das Haus verkauft werden. - Das ist zwar oft gar nicht praktiziert worden, aber dieser Druck ist erst einmal hineingekommen. Man hat gesagt, das sei ein kleinbürgerliches Verhalten - so wurde das deklariert -, und derjenige war dann natürlich sehr klein und hat kaum Widerstand geleistet, weil das doch eine Reihe von persönlichen Konsequenzen haben konnte.

Zur Frage der Auseinandersetzung und des Feindbildes. - Ich glaube, daß das ein bißchen kurios und vielleicht auch ein bißchen schwer verständlich war. Auseinandersetzung, wie man sie in der Bundesrepublik kennt, daß man also Originaltexte hat, daß man das Original lesen kann, hat es an Parteischulen nicht gegeben. Es wurden Argumente von westdeutschen Politikern wiedergegeben, aber schon mit einem entsprechenden Kommentar versehen. Das heißt: Die Antwort war mit vorgegeben.

Es gab parteiinternes Informationsmaterial. Man hat auch Zitate aus dem "ND" oder aus ZK-Reden, wenn sich Erich Honecker mit einer Position auseinandergesetzt hat, genommen und dazu diskutiert. Insofern war dort kaum Spielraum gegeben.

Das galt auch für die DDR-Wirklichkeit. Natürlich gab es soziologische Untersuchungen. Es gab auch statistisches Material, aber das war dann sehr intern für die Wissenschaftler für den Bereich. Das spielte an den Parteischulen auch keine Rolle. Ich muß sogar sagen: Ich war Teilnehmer an eini-

gen soziologischen Kongressen. Wenn man aufmerksam war, bekam
man auch - sagen wir einmal - kritische Punkte mit, gerade
auch in den 80er Jahren, als bestimmte Dinge eingefordert wurden, was Wohnen, Umwelt usw. angeht. Wenn man dann solches
Material an einer Parteischule oder auch in anderen Gremien,
beispielsweise bei der Urania, verwendete, wurde gefragt: Ist
das wirklich in der DDR entstanden, oder hat das der Klassenfeind gemacht? - Selbst eigene Untersuchungen, die intern
waren, wurden also angezweifelt. Insofern war die Situation,
was die Offenlegung der Probleme angeht, recht kompliziert.

Zu den Fragen, die im Bereich Umwelt z. B. aufkamen, hat
man beispielsweise versucht, einfach mit bestimmten Schlagwör-
tern und politischen Grundpositionen Antwort zu geben. Da hieß
es dann: Umwelt und Sozialismus sind eine Einheit. Alle Um-
weltschäden in der DDR sind entweder aus der Geschichte des
Kapitalismus oder sind vom Westen, vom Kapitalismus, durch das
Profitstreben entstanden; die westlichen Industrienationen
haben das praktisch wieder in Ordnung zu bringen. Für den
Sozialismus ist das eigentlich gar nicht die Aufgabenstellung.

Vielleicht noch ein Beispiel zur Methode; auch dazu war
ja eine Frage gestellt worden. - Ich selbst habe in meiner
Unterrichtsführung ab und zu einmal etwas praktiziert, was
nicht so gern gesehen wurde. Ich habe ein Zitat gegeben und
habe nicht den Namen dazugeschrieben, etwa ein Zitat eines
bundesdeutschen Politikers oder eines Klassikers oder was weiß
ich. Dann gab es oft Schwierigkeiten in der Diskussion, weil
die erste Frage war, wer denn das gesagt hat. Allein vom Wort-
laut her konnte man nicht unbedingt erschließen, woher es denn
nun kommt, wenn nicht bestimmte Begriffe darin waren, die für
das jeweilige System typisch waren. Da gab es also Verunsicherung. Die meisten wollten sich dann nicht äußern, weil es
hätte passieren können, daß sie Hurra anmelden und sich dann
herausstellt, daß es meinetwegen Helmut Schmidt gewesen ist.
Das ist in der Zeit vielfach gewesen, weil man sich mit der
Sozialdemokratie ein bißchen auseinandersetzen wollte.

Also: Originaltexte usw. nicht; im Prinzip vorgegebene inhaltliche Linien.

Ich muß allerdings sagen: Natürlich hat es auch diese Literatur gegeben. Das war meist an eine wissenschaftliche Arbeit gebunden, über die man aber noch nicht öffentlich sprechen konnte. Für meine Dissertation erhielt ich einen sogenannten Giftschein - ich verwende jetzt einmal die DDR-Begriffsbildung -, und darauf stand: Herr Donner behandelt ein Thema zur Bundesrepublik und ist damit berechtigt, an westdeutsche Literatur heranzukommen. - Damit hatte ich die Möglichkeit, nach Berlin zu gehen, an die Humboldt-Universität oder die Deutsche Staatsbibliothek oder das IPW - Internationales Institut für Politik und Wirtschaft -, und dort konnte ich Einsicht nehmen. Dort war ein großer Bestand vorhanden, auch Tageszeitungen, wissenschaftliche Literatur. Aber da kam eben sonst niemand heran. Das war nicht für die Öffentlichkeit.

Selbst die Ergebnisse, auch eigene Einsichten, die ich hatte, konnten vor 1989 - da mußte ich selber mit dem Widerspruch umgehen - kaum öffentlich gemacht werden. Nur im kleinen internen Kreis spielte das eine Rolle, im Freundeskreis; offiziell in Lehrveranstaltungen kaum.

Ich habe Anfang der 80er Jahre einmal einen Versuch gemacht, beispielsweise etwas zu den Parteienstiftungen - Konrad-Adenauer-Stiftung, Friedrich-Ebert-Stiftung usw. - zu bringen, habe Folien geschrieben und einfach nur mal ein bißchen statistisches Material gegeben. Das konnte ich etwa ein halbes Jahr verwenden. Dann wurde ich gefragt: Sag mal, Genosse Donner, was bezweckst du eigentlich mit einer solchen Darstellung? Was soll dieses pluralistische Getue? Was willst du damit bezwecken? - Man ist also aufmerksam geworden, und sofort setzten dann Mechanismen ein. Der Spielraum war eben recht gering.

Vielleicht noch eine Bemerkung in bezug auf die Kirche, weil das natürlich eine interessante Frage ist. - Es gab ein

Thema: Kirchenpolitik der SED. - Das war das Thema zur Kirche, und dort wurden bekannte Grundsätze vertreten. Entscheidend war in der Phase: Kontakt eines Einzelmitglieds der SED mit einem kirchlichen Amtsträger oder mit dem Pfarrer vor Ort war nicht gewünscht oder - so wurde es auch gesagt - war direkt verboten; dafür sind staatliche Stellen zuständig. - Das heißt: Es war direkt verboten. Das war eine Schwelle, die man offensichtlich nicht übertreten sollte.

Ansonsten, wie gesagt, die bekannten Grundsätze, wobei in den Darstellungen zu differenzieren versucht wurde, also zwischen Leuten, die in der Kirche sind und konterrevolutionär auftreten, und Leuten, die kulant sind, mit denen man zusammenarbeiten kann. Solche allgemeinen Formen hat es in bezug auf die Kirche gegeben.

Als letztes ein Beispiel dazu, wie streng oder wie perfektioniert die Kontrolle war. - Ich habe mit der Deutschen Zeitschrift für Philosophie, auf eigene Kappe eigentlich, eine Leserkonferenz gemacht. Das war die erste und letzte; die ist nachher dann nicht mehr genehmigt worden. - Es ging darum, internationale Kongresse auszuwerten, und die Deutsche Zeitschrift für Philosophie wollte halt einmal sehen: Wie wirkt das? - Da gab es dann eine Veröffentlichung, und am Ende tauchte ein Begriff auf, der in dieser kleinen Diskussionsrunde eine Rolle spielte. Da wurde nämlich vom planetarischen Bewußtsein gesprochen. Das ist 1988 veröffentlicht worden.

Bevor die Zeitschrift heraus war, habe ich persönlich vom ZK, von der Abteilung Agitation oder Propaganda - es sind ja zwei Abteilungen; "Propaganda" war das, glaube ich -, einen Anruf bekommen, und man hat mich gefragt: Was soll dieser ominöse Begriff "planetarisches Bewußtsein"? Ist das ein bürgerlicher Begriff? - Ich habe daraufhin gesagt: Nein; der kommt aus der Sowjetunion. Das ist aber ein international gebräuchlicher Begriff. Es geht um internationale Verantwortung. - Dieser Begriff allein war schon Anlaß genug zu sagen: Solche

Konferenzen nicht wieder; das ist eine Aufweichung, und das ist nicht gestattet.

Damit habe ich - die Zeit ist ja schon überzogen - noch ein paar Dinge vorgetragen, bei weitem nicht vollständig und bei weitem nicht systematisiert. Ich bitte da um Verständnis. Vielleicht ist es wirklich am sinnvollsten, wenn ich das eine oder andere noch schriftlich nachreiche.

(Beifall)

Vorsitzender Rainer Eppelmann: Herzlichen Dank, Herr Dr. Donner, auch für Ihr Angebot, das eine oder andere noch schriftlich nachzuliefern.

Wenn ich es richtig sehe, liegt keine Wortmeldung mehr vor, und damit sind wir am Ende unserer 12. öffentlichen Anhörung.

Allen Beteiligten wird deutlich geworden sein, daß wir das Thema damit nur angerissen, angesprochen, angedacht haben, keinesfalls zum Abschluß gebracht haben. Wir können uns ein bißchen damit trösten, daß es ja auch noch Expertisen zu diesem Thema geben wird, die wir dann zur Kenntnis nehmen können und zur Kenntnis nehmen werden.

Ich möchte noch einmal an eine Formulierung anschließen, die die Bildungsministerin a. D. gestern gebraucht hat, daß es unter anderem unvorschriftsmäßige Menschlichkeit gegen den offiziellen Trend gewesen ist, die dazu beigetragen hat, daß dieses Bildungssystem nicht so grau, so einförmig, so brutal sein konnte, wie es von politisch Verantwortlichen offensichtlich angelegt gewesen ist. Für mich ist ein zweiter Gedanke, daß die Widerstandskraft von uns, die wir es als Kinder selber erlebt haben, oder von unseren Kindern größer war, als es mancher, der Menschen verformen wollte, offensichtlich einkalkuliert hat. - Das ist für mich zumindest ein bißchen tröstlich.

Ich wünsche Ihnen allen eine gute Heimfahrt. Ich werde sicherlich eine ganze Reihe von Ihnen wiedersehen; andere lassen sich vielleicht auch wieder einladen. Aber jetzt erst einmal: Kommen Sie gut nach Hause. Auf Wiedersehen.

(Beifall)

(Schluß der Sitzung: 11.53 Uhr)

Mar.

Sprecherregister

a) Mitglieder der Kommission

Frau Abg. Barbe	47/48
Abg. Eppelmann	1, 19, 49, 57, 66/67
SV Dr. Faulenbach	36-38
Frau Abg. E. Fischer	40/41
SV Gutzeit	32
Abg. Hansen	35/36
SV Prof. Dr. Jacobsen	41/42
Abg. Dr. Kahl	31/32
Abg. Meckel	44/45
SV Passauer	49
Abg. Poppe	32-35
SV Prof. Dr. Weber	29/30
SV Prof. Dr. Wilke	46/47
Frau Abg. Dr. Wilms	42-44
Frau Abg. Prof. Dr. Wisniewski	38/39
SV Prof. Dr. Wolf	45/46

b) Zeitzeugen

Donner	1-19, 57-66
Müller	19-29, 49-56